LES CENT FINS DE PARTIES DE PHILIPPE STAMMA

PHILIPPE STAMMA

Les cent fins de parties de Philippe Stamma

modernisé par Pascal Golay

HISTOIRE DU JEU D'ÉCHECS

© 2015 Pascal Golay
Éditeur : BoD – Books on Demand
12/14 rond-point des Champs Élysées
75008 Paris, France
Imprimé par BoD – Books on Demand, Norderstedt
ISBN : 978-2-3220-4370-5
Dépôt légal : novembre 2015

Nous sommes les pions de la mystérieuse partie d'échecs jouée par Dieu. Il nous déplace, nous arrête, nous pousse encore, puis nous lance un à un dans la boîte du néant.

Épitaphe gravée sur la tombe de David Janowski (1868 – 1927).

Fac-similé de la couverture de l'édition princeps de 1737 de l'ouvrage de Philippe Stamma.

ESSAI
SUR
LE JEU
DES ECHECS,

Où l'on donne quelques Regles pour le bien joüer, & remporter l'avantage par des Coups fins & subtils, que l'on peut appeller les Secrets de ce Jeu.

Par le Sieur PHILIPPE STAMMA, *Natif d'Alep en Syrie.*

A PARIS,
De l'Imprimerie de P. EMERY.
M. DCC. XXXVII.

Sommaire

Avant-propos du traducteur 11
Règle du pat gagnant 17
Biographie succincte de Philippe Stamma selon
Le Palamède..19
Dédicace de l'édition de 1737 23
Préface de l'édition de 1737................................25
Explication de la notation algébrique dans
l'édition de 1737 29
Règles générales de l'édition de 1737.................37
Description poétique du jeu d'échecs dans
l'édition de 1741... 43
Les cent fins de parties....................................... 51
Les solutions des cent fins de parties...............103

Avant-propos du traducteur

Un « best-seller » échiquéen

En 1737 parut à Paris un ouvrage intitulé *Essai sur le jeu des échecs* dont l'auteur était un certain Philippe Stamma, natif d'Alep en Syrie.

Le livre rencontra immédiatement le succès auprès des joueurs d'échecs de l'époque et fut traduit dans les principales langues d'Europe, notamment en anglais et en allemand. Il fit l'objet de nombreuses rééditions durant un siècle.

Une vie assez méconnue

De l'auteur, on sait assez peu de choses. Philippe Stamma est né probablement en 1705 à Alep en Syrie et est décédé en 1755 à Londres. On trouvera les autres éléments de sa vie dans la succincte biographie rédigée par Louis-Charles Mahé de La Bourdonnais dans la revue *Le Palamède* de 1837, que nous reproduisons dans un chapitre de ce livre.

L'intérêt de l'ouvrage

L'ouvrage de Philippe Stamma est intéressant à plus d'un égard.

La parution de l'essai de Philippe Stamma a lieu douze ans avant celle de la célèbre *Analyse des échecs* de Philidor en 1749. D'une certaine manière, l'opuscule de Philippe Stamma se situe à mi-chemin entre une description pure du jeu d'échecs, comme cela est le cas dans les publications du XVIIe siècle du fameux Gioachino Greco, dit *Le Calabrais*, que critique du reste explicitement Philippe Stamma dans la préface de son ouvrage, et une analyse rigoureuse avec une visée scientifique d'induction de principes universels de compréhension du jeu d'échecs, comme cela est le cas dans l'*Analyse* de Philidor.

À ce propos, on remarquera que Philippe Stamma propose déjà, avant Philidor, quelques principes généraux, qu'il appelle des règles générales, en vue de bien conduire une partie d'échecs. On notera en particulier qu'il commence par indiquer l'importance de pousser quelques pions au début de la partie :

> *La manière la plus sûre et la plus prudente de jouer est donc de pousser vos pions avant vos pièces.*

On peut émettre l'hypothèse que Philidor connaissait l'essai de Philippe Stamma[1] et qu'il s'est peut-être inspiré de celui-ci lors de la rédaction de son propre ouvrage, par exemple lorsqu'il a énoncé le célèbre principe que « les pions sont l'âme des échecs ».

L'inventeur de la notation algébrique

L'ouvrage de Philippe Stamma est également intéressant parce que l'auteur y développe pour la première fois un système de codification algé-

---

[1] La biographie de Philippe Stamma nous apprend qu'un match a eu lieu entre lui et Philidor en 1747. Les deux hommes se connaissaient donc.

brique de description d'une position et de notation d'une partie d'échecs. Philippe Stamma est l'inventeur de l'idée d'appliquer un système de coordonnées cartésiennes au jeu d'échecs avec une origine au repère cartésien indépendante de la perspective subjective des joueurs.

Bien que la notation algébrique nous paraisse très banale de nos jours, elle n'a rien d'une évidence. La notation descriptive, par exemple, qui est une notation subjective aux joueurs, ce qui fait qu'un coup se code différemment s'il est exécuté par le joueur qui conduit les Blancs ou par le joueur qui conduit les Noirs, est restée dominante dans les pays anglo-saxons jusque dans les années 1970.

À cet égard, l'essai de Philippe Stamma est véritablement une œuvre très en avance sur son temps. A contrario, un ouvrage comme l'*Analyse* de Philidor utilise une description littérale des coups d'échecs.

Nous avons reproduit dans ce livre l'explication du système de codification algébrique de description d'une position et de notation d'une partie d'échecs qui figure dans l'édition princeps de 1737 de l'ouvrage de Philippe Stamma.

Des problèmes plutôt que des parties

Contrairement aux publications antérieures, en particulier celles du Calabrais que Philippe Stamma critique, ce dernier ne part pas de l'idée de présenter des parties d'échecs, mais des situations « remarquables » rencontrées durant des parties. Il propose au lecteur de chercher la meilleure suite possible à partir de celles-ci.

Bien que Philippe Stamma ne propose pas d'inférer à partir de ces situations « remarquables » des principes généraux susceptibles d'être reproduits ultérieurement dans des situations similaires, ce qui constituerait une véritable méthode « scientifique » de compréhension du jeu – ce qui sera la grande innovation de l'*Analyse* de Philidor –, on constate néanmoins une avancée conceptuelle par rapport à la simple description d'une partie : l'idée d'extraire des situations « remarquables » susceptibles de constituer des problèmes propices à une analyse exhaustive jusqu'à la fin de la partie.

Description poétique du jeu d'échecs

À partir de l'édition de 1741 de l'ouvrage de Philippe Stamma apparaît un nouveau chapitre au titre curieux : *Description poétique du jeu d'échecs*.

Dans une *Préface du libraire*, l'imprimeur explique la raison de l'ajout de ce chapitre. Il indique que la première édition de l'ouvrage (c'est-à-dire celle de 1737) était remplie de fautes considérables et qu'il a pris l'initiative de proposer cette nouvelle édition afin d'y remédier.

Il explique qu'il a enrichi l'édition présente d'une description poétique qui, espère-t-il, sera bien reçue par le public.

Ainsi, cette préface sous-entend que cet enrichissement poétique est une sorte de cadeau adressé au lecteur en guise d'excuses pour les imperfections commises lors de la publication de l'édition princeps de 1737.

Il demeure un mystère quant à l'auteur de ces vers. Rien ne permet en effet de les attribuer à Philippe Stamma. Dans le préambule au poème dont le titre est *Défi énigmatique*, il est dit que son auteur est « un poète français », rien de plus.

La question se pose donc de savoir si Philippe Stamma, outre son talent échiquéen, possédait aussi celui de l'art poétique. Quoi qu'il en soit, ce chapitre poétique, qui est un pastiche en français du poème latin *De Ludo scacchorum*[2] du poète italien Marco Girolamo Vida (1485 – 1566), constitue un amusant divertissement littéraire et échiquéen.

À propos de l'adaptation que nous proposons

L'essai de Philippe Stamma a connu de nombreuses éditions et il existe plusieurs variantes du texte, en particulier des cent positions.

Pour concevoir le présent ouvrage, nous nous sommes beaucoup appuyés sur le travail scientifique de L. Bledow et O. von Oppen, *Stamma's hundert Endspiele*[3], paru en 1856, et qui est une recension très rigoureuse des différentes variantes des positions de Stamma.

Les positions et les analyses que nous présentons sont celles proposées par ces auteurs, sous

---

[2] *Le jeu d'échecs*. Le poème a été rédigé en 1527 par Marco Girolamo Vida.
[3] L. Bledow, O. von Oppen, *Stamma's hundert Endspiele*, Verlag von Veit & Comp., Berlin, 1856.

réserve de quelques améliorations que l'usage systématique d'un très fort logiciel d'analyse (Komodo 9.2) nous a permis de déceler.

Concernant les textes (préface, explication de la notation algébrique, règles générales, etc.), nous avons essayé de demeurer le plus fidèle possible au texte d'origine, nous contentant seulement de moderniser les orthographes et, parfois, les tournures vraiment trop archaïques pour être comprises de manière aisée par un lecteur contemporain.

Pascal Golay, décembre 2015

Règle du pat gagnant

Avant d'entrer dans l'œuvre de Philippe Stamma, nous devons encore informer le lecteur au sujet de la règle du pat gagnant.

En effet, si les cent fins de parties proposées par Philippe Stamma respectent toutes les règles telles que le jeu d'échecs est pratiqué actuellement, il existe cependant une légère différence concernant le pat, à savoir une position dans laquelle le camp au trait est dans l'impossibilité d'effectuer un coup légal.

À l'époque et dans le lieu où l'ouvrage a été rédigé, à savoir en 1737 en France, la règle concernant le pat était que **le camp qui se retrouvait en situation de pat (et non pas celui qui assénait le pat) gagnait la partie.** À cette époque, le pat n'équivalait donc pas à une partie nulle, mais à un gain pour le camp qui se retrouvait dans cette situation.

Dans les cent fins de parties de Philippe Stamma, les solutions qui font appel à cette règle sont rares ; nous la rappellerons néanmoins explicitement le cas échéant à l'attention du lecteur afin de faciliter sa recherche de la solution du problème.

Historique de la règle du pat

La règle du pat possède une histoire complexe. Le résultat à attribuer à une partie qui aboutissait à une position dans laquelle un des deux camps était dans l'impossibilité d'effectuer un coup légal a beaucoup varié durant les siècles et les lieux.

Selon l'éminent historien du jeu d'échecs H. J. R. Murray[4], dans les jeux précurseurs du jeu d'échecs, comme le chaturanga, le cas du pat équivalait à un gain pour le camp qui administrait le pat.

Cette règle a perduré dans le jeu d'échecs jusqu'au début du XVe siècle en Espagne. Cependant Lucena (vers 1497) considérait le pat comme une forme inférieure de victoire qui, dans les parties jouées avec un enjeu financier à la clé, ne permettait que de gagner la moitié de la mise. La pratique instaurée par Lucena a continué en Espagne jusqu'aux alentours de 1600.

La règle en Angleterre entre environ 1600 et 1800 était que le pat équivalait à une victoire pour le camp qui se retrouvait dans cette situation. H. J. R. Murray émet l'hypothèse que cette règle anglaise du pat a été adoptée à partir de la règle du pat qui avait cours en Russie.

La règle anglaise a disparu en Angleterre avant 1820 pour être remplacée par la règle française et italienne qui était que le pat équivalait à une partie nulle (c'est-à-dire la règle actuelle).

Il semblerait néanmoins, à la manière dont le pat est interprété par Philippe Stamma dans son essai de 1737, à savoir que le camp qui se retrouve dans cette situation gagne la partie, que la règle qui prévalait à Paris, à cette époque du moins, était bel et bien le règle anglaise du pat et non pas la règle française et italienne.

---

[4] Les affirmations qui suivent sont extraites de : Murray H. J. R., *A History of Chess*, Oxford University Press, Londres, 1913.

Biographie succincte de Philippe Stamma selon *Le Palamède*

Le Palamède *est une revue d'échecs qui a été publiée de 1836 à 1847 à Paris à l'initiative des joueurs qui fréquentaient le célèbre Café de la Régence. Le rédacteur en chef de la revue était Louis-Charles Mahé de La Bourdonnais, le plus fort joueur d'échecs du monde à cette époque.*
En 1837 parut dans cette revue une biographie succincte de Philippe Stamma que nous reproduisons ci-dessous.

Philippe Stamma naquit à Alep, en Syrie, au commencement du XVIIIe siècle. À cette époque, la Syrie comptait un grand nombre de forts joueurs d'échecs. Stamma, doué des plus heureuses dispositions pour ce jeu, y fit bientôt des progrès rapides et devint d'une force très remarquable.

Ayant le désir de se mesurer avec les joueurs d'Europe, Stamma visita l'Italie, l'Angleterre et la France. Dans le cours de ses voyages, il eut l'occasion d'essayer ses forces avec Philidor. Il fut battu par le joueur français, qui ne craignit pas de lui offrir un défi, lui donnant à chaque partie la remise et le trait[5], avantage plus fort, suivant

---

[5] Il était courant à cette époque de proposer des parties à avantage (ou parties à handicap) pour équilibrer les chances entre des joueurs de force différente. (N.D.T)

nous, que le pion et le trait. Stamma accepta et perdit encore.

Ce fut au club de Londres que ce mémorable défi fut joué. Il se composait de dix parties sur lesquelles le Syrien n'en gagna que deux, dont l'une était une remise.

Stamma, bien accueilli en Angleterre, s'y fixa. Il y publia, en 1735[6], la première édition de son ouvrage sur les échecs, intitulé : *Essai sur le jeu des échecs*, par Philippe Stamma, d'Alep.

Il dédia son livre au lord Harrington, secrétaire ministre d'État et grand amateur d'échecs. Ce généreux protecteur l'avait fait nommer interprète des langues orientales du roi de la Grande-Bretagne.

L'ouvrage de Philippe Stamma renferme un grand nombre de positions curieuses et instructives. Il en existe plusieurs éditions.

---

[6] À notre connaissance, il n'existe pas de version publiée en 1735 attribuée à Philippe Stamma. La version princeps est celle publiée en 1737 à Paris. En revanche, Joseph Bertin inséra dans son ouvrage *The Noble Game Of Chess* publié à Londres en 1735 une quinzaine de positions qu'on retrouvera plus tard dans l'ouvrage de Stamma de 1737, sans toutefois indiquer le nom de l'auteur de ces positions. (N.D.T)

Fac-similé de la couverture de la revue Le Palamède *de 1837 dans laquelle parut la biographie succincte que nous avons reproduite.*

LE

PALAMÈDE,

REVUE MENSUELLE

DES ÉCHECS.

TOME SECOND.

PARIS.

AU BUREAU DE LA REVUE, RUE DE RICHELIEU, N° 89;
AU CAFÉ DE LA RÉGENCE, PLACE DU PALAIS-ROYAL,
ET CHEZ M. CAUSETTE, LIBRAIRE, RUE DE SAVOIE, N° 15.

1837.

Dédicace de l'édition de 1737

La dédicace qui suit est celle qui se trouve dans l'édition princeps de 1737 de l'ouvrage de Philippe Stamma.

Au très haut et très honoré Seigneur Milord Harrington, ministre et secrétaire d'État du Roi de la Grande-Bretagne, etc.

Milord,
Les bontés que vous avez eues pour moi m'inspirent la hardiesse de vous dédier un petit ouvrage de ma façon. Il n'a d'autre but, il est vrai, que celui d'augmenter le divertissement que peut donner un jeu, mais ce jeu est celui des échecs, qui a quelquefois fait votre plaisir, comme il a fait le plaisir des plus grands hommes.

Comme vous en connaissez, Milord, la beauté et la noblesse mieux que tout autre, je suis dispensé de vous en faire l'éloge et de remonter à son antique origine.

J'ai eu l'honneur de vous être présenté, Milord, et la manière de jouer chez les orientaux ne vous a pas déplu : je commence à la rendre publique en Occident, quoique j'y sois étranger.

Cette qualité excusera auprès de vous ma hardiesse. Je ne puis mieux faire que de mettre cet essai sous votre protection ; votre nom le fera bien recevoir. Si je suis téméraire, j'espère que vous me pardonnerez ma témérité. Dans la situation où la fortune m'a réduit, la compassion vous parlera pour moi. La crainte de blesser votre modestie m'impose le silence et me dit qu'il est de ma prudence de laisser au public le soin de vous donner les louanges que vous méritez : je ne ferai ici que répéter ce qu'il a dit et ce qu'il dira toujours. Je me bornerai donc à vous assurer que je suis avec le respect le plus profond, Milord, votre très humble, très obéissant et très obligé serviteur.

Philippe Stamma

Préface de l'édition de 1737

La préface qui suit est celle qui se trouve dans l'édition princeps de 1737 de l'ouvrage de Philippe Stamma.

Quoique l'on ne sache pas au vrai dans quel pays de l'Orient le jeu des échecs a été inventé, il est néanmoins très vraisemblable que c'est dans l'Arabie heureuse qu'il a été perfectionné.

Car, premièrement, tous les termes du jeu, et le mot *échec* même, dérivent de l'arabe, comme aussi les noms de la plupart des pièces avec lesquelles on joue.

Secondement, c'est le jeu favori de ce pays-là et de la Syrie, surtout à Alep ma patrie. Aussi est-ce là que se voient tant d'habiles joueurs, et j'ose dire, qu'il n'y en a guère en Europe qu'on leur puisse comparer.

Une autre raison à cela, c'est que dans notre pays les joueurs se laissent conseiller, et choisissent presque chacun un second, au lieu qu'à Paris, de même qu'en Italie, en Angleterre et dans les autres pays que j'ai vus, chacun veut jouer seul, à sa fantaisie, et ne veut pas qu'on parle sur son jeu. Cependant il semble qu'il y a autant de différences entre ces deux manières de jouer qu'entre deux voyageurs dont l'un a un guide et l'autre n'en a point.

Ces raisons jointes aux exhortations de plusieurs de mes amis joueurs d'échecs m'ont engagé à mettre au jour les cent parties qui doivent être regardées comme autant de secrets de ce jeu.

Outre leur nouveauté et leur beauté, le faible joueur y apprendra non seulement à calculer ses coups (en quoi consiste toute la difficulté), mais à sauver même un jeu désespéré. Je veux dire qu'après un calcul juste et prudent, il saura sacrifier quelque pièce, et souvent même la Dame, bien à propos, ce qui lui fera gagner la partie qui semblait perdue.

À l'égard des connaisseurs, outre la beauté qu'ils remarqueront dans ces coups secrets et étonnants, ils y apprendront à sacrifier des pièces au bon moment et y acquerront la même hardiesse et la même adresse que s'ils jouaient avec d'excellents joueurs.

Au reste, il ne faut pas s'imaginer que ces cent parties soient des cas rares, car dans les parties ordinaires que j'ai jouées, il s'est tous les jours présenté de pareilles situations. Ce ne sont que les résultats de quelques parties qui m'avaient le plus embarrassées ; il y en a même que j'avais abandonnées, mais que je mis par écrit sur-le-champ pour y rêver à loisir et je découvris ensuite le moyen de les gagner.

Tous les jours il s'en présente de pareilles, ou du moins si approchantes, que s'y prenant de la manière que j'enseigne ici, on remarquera des effets surprenants, et l'on en deviendra plus fécond en idées pour calculer juste et pour juger de la réussite d'une partie. De telle sorte que deux joueurs égaux un peu habiles pourront, après que la partie a atteint un certain point, la décider tout d'un coup, car ils n'auront qu'à calculer, et ils trouveront ou la possibilité ou l'impossibilité de la finir. Si la chose est impossible, on l'abandonne ; s'il y a moyen de la gagner, on la gagne tout d'un coup. Au lieu que si l'on n'avait pas calculé par avance, l'on aurait été très longtemps à la finir, ou bien quelque coup joué de part ou d'autre aurait pu rendre cette manière de jouer impraticable.

Pour ce qui est de l'ouvrage du Calabrais sur ce jeu, je crois que les connaisseurs m'avoueront que c'est un livre fort différent du mien parce que toutes les parties que cet auteur propose doivent être défendues précisément comme il l'enseigne. Car si l'on jouait autrement, celui que le Calabrais veut faire gagner perdrait, au lieu que dans les exemples que je donne ici, celui que je veux faire gagner gagnera immanquablement, quoi que puisse faire son adversaire.

Pour ce qui concerne une des manières de jouer proposée par le Calabrais, qu'il appelle *gambit*, personne ne voudrait jouer de la sorte, à moins qu'il ne voulût perdre ou qu'il ne jouât contre quelque novice. J'estime cette méthode très inutile et sans fondement.

À l'égard des principes du jeu, tels que la marche des pièces, etc. qui se trouvent dans la traduction française de cet auteur, loin de détourner les débutants de lire ces principes, je les exhorte au contraire à les apprendre, ou dans cette traduction, ou de quelque joueur, pour se mettre en état de réussir.

Si cet essai peut plaire, je tâcherai de donner encore plusieurs autres ouvertures sur cet ancien et noble jeu.

Je donnerai des parties neuves entières et j'ajouterai des moyens de se défendre contre les manières d'attaquer proposées par le Calabrais.[7]

---

[7] En 1745, Philippe Stamma fait effectivement paraître une traduction anglaise de ses cent fins de parties intitulée *The Noble Game Of Chess* augmentée de 74 débuts de parties. Nous ne les avons pas reproduits dans cet ouvrage parce qu'il s'agit seulement de suites de coups d'ouverture sans aucun commentaire et présentant donc peu d'intérêt pour le lecteur contemporain. (N.D.T)

Explication de la notation algébrique dans l'édition de 1737

L'explication qui suit est celle qui se trouve dans l'édition princeps de 1737 de l'ouvrage de Philippe Stamma.

Je prie le lecteur de jeter d'abord les yeux sur la figure qui est placée ci-dessous et qui sert de clé à ce petit traité. Je me flatte que le lecteur, après avoir examiné ce petit traité, conviendra que ma méthode est, dans son ensemble, la plus naturelle et la plus facile qui ait été pour le moment publiée en Europe.

Figure pour l'arrangement des pièces

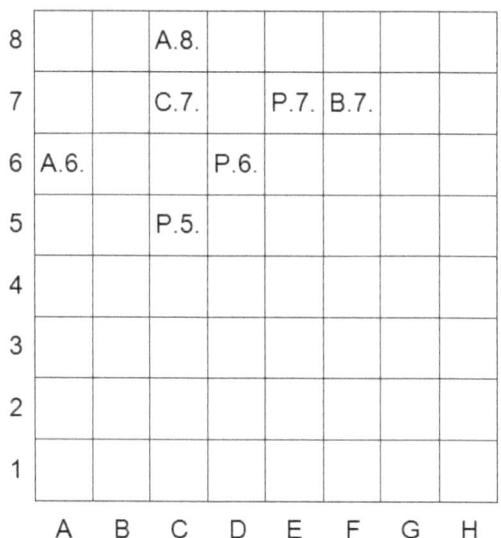

Explication de la figure pour l'arrangement des pièces

La figure que l'on explique ici représente l'échiquier posé dans la situation ordinaire.

La Tour qui est à gauche est désignée par la lettre A. À gauche toujours, le Cavalier est désigné par B, le Fou par C et la Dame par D.

À la droite, le Roi est désigné par E, le Fou par F, le Cavalier par G et la Tour par H.

Lorsque vous verrez quelques-unes de ces huit lettres sur quelque case que ce soit de l'échiquier, vous saurez quelle pièce chacune d'elle représente : la figure représente un échiquier. Voyez, par exemple, la première partie de cet essai[8] et vous y trouverez la situation des Noirs, A.C.8. La lettre A, comme on vient de le dire, signifie la Tour de la gauche. Portez cette Tour à la place marquée par un C, qui désigne le Fou de la gauche, montez ensuite de là en droite ligne jusque sur la huitième case inclusivement, vous y placerez votre Tour.

Vous trouverez après dans cet ouvrage B.F.7. Vous savez que B signifie que c'est le Cavalier de la gauche. Portez-le sur la place où est la lettre F, qui est celle du Fou de la droite. Vous montez de cette case jusqu'à la septième inclusivement où vous placez votre Cavalier.

Voyez dans l'ouvrage C.C.7. La lettre C désigne le Fou de la gauche : portez-le sur la case de sa position initiale où se trouve la lettre C. De là, mettez votre Fou à la septième case inclusive-

---

[8] Cf. le fac-similé de l'édition princeps de 1737 à la fin de ce chapitre. (N.D.T)

ment : il se trouve sur la même rangée que le Cavalier que vous venez de placer précédemment. Observez qu'il faut toujours compter la case ordinaire de la pièce inclusivement.

Ceci doit suffire pour vous conduire dans l'arrangement de toutes vos pièces principales. Il reste à vous expliquer de quelle manière il faut que vous placiez les pions.

Le pion est désigné par la lettre P. Voyez dans ce livre C.5. Portez un pion noir sur la case C. Comptez de là en montant en ligne jusqu'à la cinquième case : vous y placerez votre pion noir.

Vous trouverez ensuite dans ce livre D.6. Prenez un autre pion noir, mettez-le à la place marquée D. Comptez les cases en ligne droite et posez-le à la sixième.

Vous trouverez ensuite dans cet ouvrage E.7. Mettez encore un pion noir sur la case E. Montez en ligne droite et placez-le à la septième case, et ainsi du reste.

Lorsque vous aurez placé toutes vos pièces et vos pions noirs, il faudra placer les pièces blanches de la même manière.

À l'égard de leur situation, vous trouverez dans ce livre A.A.6. La lettre A désigne la Tour de la gauche. Portez-la sur la case A. Montez de là en ligne droite jusqu'à la sixième case : placez votre Tour blanche à cet endroit. Vous placerez de même toutes vos pièces, jusqu'à ce que vous trouviez les pions blancs, que vous arrangerez comme vous avez arrangé les noirs.

Lorsque vous aurez placé toutes vos pièces dans la situation indiquée, vous croirez d'abord que les Blancs perdront, mais examinez bien le jeu et tâchez d'y apporter remède. Si vous ne le pouvez pas, ayez recours au livre.

Il faut apprendre comment il faut s'y prendre : vous verrez que par le terme *LE JEU*, on indique la manière de jouer.

L'échec au Roi est marqué par une croix +.

Vous trouverez donc : Blanc, D.D.7.+. On a dit que la lettre D désignait la Dame : Prenez la Dame blanche, comptez depuis la lettre D, qui est sa place ordinaire, toutes les cases jusqu'à la septième inclusivement et placez là votre Dame, en donnant échec au Roi. Il semble que vous l'ayez donnée pour rien.

Ayez recours au livre pour voir ce que celui qui a les pièces noires doit jouer. Vous y trouverez : Noir, E.D.7. La lettre E, on le répète, désigne le Roi. Vous prendrez donc le Roi noir, vous compterez depuis la lettre D toutes les cases en ligne droite jusqu'à la septième où vous le porterez, en prenant la Dame blanche.

Recourez au livre où vous trouverez de quelle manière il faut se conduire jusqu'à ce que la partie soit finie. Vous y verrez avec quelle subtilité et quelle finesse les pièces blanches remporteront l'avantage sur les noires. Ce qui vient d'être expliqué paraît suffire pour comprendre aisément de quelle façon on doit agir dans tout le reste des opérations et de l'action.

Cependant, il est bon de remarquer encore que pour mieux faciliter l'exécution de cette méthode, il n'est besoin que de compter toujours du même côté de l'échiquier, soit en plaçant les pièces blanches, soit en plaçant les pièces noires, parce que cela est égal pour les unes comme pour les autres.

Tout le monde sait que lorsqu'un pion a la gloire de parvenir à la 8ᵉ case, il devient pour sa récompense ou une Dame ou telle autre pièce considérable que l'on veut, étant permis à celui qui a dirigé si prudemment la marche de ce pion de le métamorphoser en telle pièce que bon lui semble. C'est ce que j'ai cru devoir marquer dans le livre de la manière suivante.

Lorsque vous voyez, par exemple, P.A.8.D. On sait que la lettre P signifie le pion, que le D signifie la Dame. Lorsqu'un pion est arrivé heureusement porté sur la huitième case, qui était le terrain qu'occupait son adversaire, il devient donc une Dame et commence alors à être désigné par la lettre D. Quelquefois au lieu de la lettre D, vous verrez la lettre B, ce qui signifie que votre pion est devenu un Cavalier au lieu d'avoir été changé en Dame, parce que quelquefois on aime mieux avoir un Cavalier qu'une Dame, comme vous le verrez dans mon jeu.

J'ai laissé, il est vrai, quelques-unes des parties sans qu'elles fussent finies, mais j'ai toujours fait voir de quelle manière il faut s'y prendre pour se tirer d'embarras. J'indique toujours de quelle manière il faut se conduire pour remporter un avantage si considérable que l'on soit sûr du gain de la partie avec grande facilité.

Dans quelques-unes de ces parties, que l'on peut jouer de plusieurs façons en ce qui concerne la manière de se défendre, on la trouvera dans le livre marquée par ces termes : *Autre manière de jouer* ou *Autre manière de se défendre*. Mais de toutes les façons, la partie se trouve toujours gagnée forcément.

La raison qui m'a engagé à ne pas achever quelques parties, c'est qu'il y a plusieurs manières de les finir avec succès. Il suffit donc que je donne les moyens de se tirer d'embarras et de remédier si bien à un jeu délabré qu'un joueur même très médiocre ne pourra manquer de gagner la partie.

Je mettrai à la fin de ce petit traité quelques maximes générales qui m'ont paru les plus nécessaires et les plus utiles pour bien conduire son jeu.[9]

---

[9] Correspond dans ce livre au chapitre *Règles générales de l'édition de 1737*. (N.D.T)

Première partie de l'essai, fac-similé de l'édition princeps de 1737.

(23)

PREMIERE PARTIE.

Situation des piéces noires.

A. C. 8. B. F. 7. C. C. 7. D. E. 3.
E. D. 8. F. A. 8. H. E. 8.
Pions, C. 5. D. 6. E. 7. F. 5. G. 3.
H. 4.

Situation des piéces blanches.

A. A. 5. B. A. 4. D. E. 6. E. F. 1.
F. D. 1. G. B. 3.
Pions, D. 4. E. 5. F. 4. G. 2. H. 3.

LE JEU.

Blanc. D. D. 7. † | Noires, E. D. 7.
B. C. 5. † | P. C. 5.
G. C. 5. † | E. D. 8.
G. E. 6. † | E. D. 7.
F. A. 4. † | P. C. 6.
F. C. 6. † | E. E. 6.
P. D. 5. † | Matte.

Autre maniere de joüer.

Blanc. D. D. 7. † | Noires, E. D. 7.
B. C. 5. † | E. D. 8.
B. E. 6. † | E. D. 7.
G. C. 5. † | P. C. 5.
F. A. 4 † | F. C. 6.
F. C. 6. † | E. E. 6.
P. D. 5. † | Matte.

Règles générales de l'édition de 1737

Les règles générales qui suivent sont celles qui se trouvent dans l'édition princeps de 1737 de l'ouvrage de Philippe Stamma.

Règles générales qui doivent être observées et suivies par tous les joueurs d'échecs pour bien conduire leurs pièces et pour connaître les coups subtils ou les pièges qu'on peut leur tendre.

Une imitation de la guerre

Tout le monde sait que ce noble et ancien jeu est un modèle de la guerre, puisqu'il imite exactement toutes les différentes manières de combattre, soit pour la conduite que l'on doit tenir, ou en attaquant ou en se défendant, soit pour l'arrangement avantageux des troupes, etc.

On doit donc considérer ce que fait un bon général dans une bataille rangée. Il poste avantageusement son armée ; il a soin non seulement d'être assuré qu'elle soit en bonne défense et en bonne disposition, mais il est encore toujours prêt d'agir offensivement aussitôt qu'il y aura lieu de le faire, en tâchant toujours de fondre sur l'endroit le moins fort de l'armée ennemie : il en est de même pour les échecs.

Le rôle des pions

La manière la plus sûre et la plus prudente de jouer est donc de pousser vos pions avant vos pièces, à l'exception de deux ou trois, que vous réservez pour la garde du Roi. Ensuite vous faites sortir vos pièces de manière que l'une soutienne l'autre, puis vous considérez par où il faut attaquer.

Assurer la position des pièces

II faut toujours avoir soin de ne pas mettre vos pièces sur une case où votre antagoniste peut pousser un pion pour les attaquer, à moins que vous n'ayez vu auparavant que vous pouvez dans tous les cas avancer votre pièce à une meilleure place. Autrement vous serez obligé de reculer votre pièce, ce qui vous ferait perdre beaucoup de temps.

J'ai vu des joueurs faire sauter et promener un Cavalier ou un Fou, par exemple, tout autour de l'échiquier et, en poussant toujours des pions pour attaquer cette pièce, elle se trouvait souvent enfermée dans le jeu de l'autre, si bien qu'elle était perdue forcément pour rien, ou tout au plus pour un pion. Après quoi le joueur qui a été ainsi forcé s'aperçoit des vues de l'autre et il lui est dans la suite souvent impossible de former aucun dessein et par conséquent de gagner la partie. C'est donc perdre du temps mal à propos.

Avant de jouer une pièce, examinez avec attention toutes les possibilités de menaces, afin de pouvoir bien assurer vos pièces contre les surprises.

Si vous n'apercevez aucune menace, vous chercherez de quel côté il faut attaquer.

Bien se défendre

Il faut toujours avoir soin de ne jamais vous exposer à recevoir des échecs à la découverte par rapport au Roi ou à la Dame. Car quand vous vous trouverez dans cette situation, quoiqu'il y eût des pièces et des pions à prendre pour rien, il ne faut pas risquer de le faire avant de protéger votre Roi ou votre Dame.

Il ne faut pas prendre un pion qui est vis-à-vis de votre Roi avec un Fou ou quelque autre pièce, parce que votre adversaire profitera de l'occasion pour placer sa Tour où sa Dame devant, et vous ne pourrez plus la retirer sans la perdre, parce que vous ne pouvez pas exposer votre Roi.[10] On perd souvent des pièces par cette façon de jouer.

Quelquefois aussi, pour avoir éloigné votre Dame de votre jeu pour aller prendre un pion, votre adversaire profitera de l'occasion pour avancer dans ce temps-là sa Dame et vous donnera échec, en prenant vos pièces, ou quelquefois vous donnera un échec perpétuel et obtiendra la partie nulle.[11]

Il ne faut pas non plus manquer l'occasion de roquer, quand bien même vous ne sauriez le faire qu'en perdant un pion. Il ne faut donc pas quelquefois se soucier de cette perte, car il vaut bien

---

[10] On reconnaît dans cette explication la notion théorique du clouage. (N.D.T)
[11] Mise en garde contre ce qu'on désigne maintenant par « pion empoisonné ». (N.D.T)

mieux avoir un pion ou même une pièce de moins avec une bonne situation que d'avoir une pièce de plus et être en mauvaise situation. Aucun joueur d'échecs ne disconviendra de cela.

Il faut toujours être bien sur vos gardes lorsque quelque joueur vous donne des pièces à prendre pour rien, car c'est souvent dans le dessein d'avoir de meilleures pièces que vous ou de vous donner échec et mat. Cette manière de jouer se pratique très souvent parmi les bons joueurs en Arabie.

Allégorie

On raconte qu'un jeune homme d'Arabie encore sous la puissance paternelle, ayant appris le jeu d'échecs, y prenait un si grand plaisir qu'il négligeait toutes les affaires. Son père, après l'avoir souvent réprimandé inutilement, se mit un jour en si grande colère qu'il voulut le tuer. Le fils à genoux demanda pardon et expliqua que ce jeu était plus utile que l'on ne pensait, mais que cependant il n'y jouerait plus. Après un moment de réflexion, le père lui demanda de quelle utilité pouvait être un tel jeu, que ce n'était qu'un passe-temps pour les fainéants.

— Non, mon père, répondit le fils, cela m'apprend bien d'autres choses qui pourront m'être utiles à l'avenir.

— Comment ? dit le père.

— Que je sois obligé d'aller à la guerre, dit le fils, pour le bien de ma patrie, ce jeu m'apprend à me défendre avec avantage. Qu'il m'arrive aussi d'aller en voyage et que j'aie le malheur d'être attaqué par des voleurs, je saurai mieux me défendre qu'un autre.

— Oui, dit le père. Dis-moi cependant un peu, comment cela est possible ?

— Il ne faut que me mettre à l'épreuve, répondit le fils.

Le père s'avisa de l'envoyer, chargé d'argent et bien monté, acheter des marchandises.

Après qu'il se fut mis en route, son père envoya après lui quatre hommes pour le voler. Le fils se trouva, en chemin faisant, attaqué par ces quatre hommes. Il leur abandonna son cheval et se sauva à pied, en se cachant derrière un mur et en traversant des haies. Ainsi échappé de leurs mains, il alla acheter des marchandises.

Lorsqu'il fut de retour, son père lui demanda s'il ne lui était rien arrivé.

Il répondit qu'il avait été attaqué par quatre voleurs et que, dans le moment, il s'était avisé d'un expédient dont il se servait quelquefois en jouant aux échecs.

— De quel expédient ? dit le père.

— C'est, répondit le fils, que dans cet embarras, j'ai sacrifié mon cheval pour me sauver la vie et l'argent, de même qu'aux échecs je sacrifie quelquefois mon Cheval pour sauver mon Roi ou ma Dame.

Le père en fut si content qu'il jugea à propos d'apprendre ce jeu.

Ce petit conte est d'autant plus agréable en langue arabe que la pièce appelée « Cavalier » chez nous s'appelle « Cheval » en arabe.

Conclusion

Voilà à peu près tout ce qui concerne les règles générales pour les échecs.

Il n'y a point de règles particulières, puisque chaque partie peut être jouée de cent manières, ce qui demande des manières différentes de se défendre et d'attaquer, suivant la capacité de chaque joueur.

Finalement, il serait avantageux de jouer avec les plus habiles joueurs, afin de faire des progrès en peu de temps et de se perfectionner.

Description poétique du jeu d'échecs dans l'édition de 1741

La description poétique du jeu d'échecs qui suit a été introduite dans l'édition de 1741 de l'ouvrage de Philippe Stamma.

Description poétique du jeu des échecs

Cet essai du jeu des échecs étant une matière assez abstraite pour ceux qui n'y sont pas versés, il a paru convenable de l'égayer de manière à instruire ceux qui feront l'acquisition de ce livre, quand même ils n'auraient pas la moindre affinité avec ce jeu qui a fait de tout temps l'amusement des personnes d'esprit et de goût.

Voici donc une description poétique du jeu d'échecs.

Le fameux Vida de Crémone fut le premier qui força la poésie ou qui la plia à un sujet si difficile.[12]

Carminibus prorsus Vatum illibata priorum.[13]

Le poète français n'a pas eu moins de difficultés à franchir que le poète latin. Il ne s'est soulagé que

---

[12] Stamma réfère au poème *De Ludo Scacchorum* paru en 1527. (N.D.T)

[13] Traduction : « Que les poètes qui m'ont devancé n'ont point encore célébrés dans leurs vers » (Traduction de M. Levée parue en 1809, selon *Le Palamède, revue mensuelle des jeux*, Paris, 1838). (N.D.T)

sur la mesure des vers. Il les a fait libres et il a récompensé cette liberté par une exactitude de pensée et de style qui lui doit être d'autant plus comptée que c'est une allégorie continuelle.

Il a même un mérite à ne pas oublier dans ce moderne, c'est d'avoir suivi une route toute différente de l'ancienne. Vida, pour donner du merveilleux à son poème, en place l'époque aux noces de l'Océan, où Jupiter, invité, proposa aux dieux pour régal le spectacle d'une partie d'échecs. Elle fut jouée entre Mercure et Apollon. C'est la description du damier, des pièces, de leur marche et la relation de tous les incidents d'une longue partie, qui ont fourni sept cents vers à Vida. Il donne la victoire à Mercure sur Apollon et termine son poème par la métamorphose d'une nymphe en damier. Il prétend que c'était une maîtresse de Mercure et que ce dieu l'aime encore sous cette figure bizarre et qu'elle est chère aux Italiens.

Le moderne n'a pas eu besoin de métamorphose ni de Mercure ni d'Apollon pour donner de l'agrément à son sujet. La scène, bien qu'elle se passe entre des acteurs moins illustres, n'en est pas moins amusante. Il n'a pas ramassé tous les événements que le hasard et l'adresse peuvent causer dans ce jeu. Il a su que la grande règle en fait de descriptions était de ne pas épuiser la matière et de n'en prendre que la fleur. Les muses respirent un air de liberté qui les rend ennemies des descriptions trop précises et surtout du ton didactique. Si elles donnent les lois d'un art et d'un jeu, elles les font sentir, elles ne les expliquent pas méthodiquement. Elles ne développent guère la cause et les effets d'une chose ; elles font deviner l'un par l'autre.

Défi énigmatique

Je vous fais part d'une nouvelle
Où vous avez quelque intérêt.
Deux peuples belliqueux ne pouvant vivre en paix,
Se déclarent enfin une guerre cruelle.
Ils la confirment tous d'une commune voix.
De l'un des deux, l'illustre choix
Vous intéresse à leur querelle.
L'un et l'autre soumis à deux différents Rois
Avec même ardeur, même zèle,
Suivent leurs drapeaux et leurs lois.

Le champ où chacun doit se rendre
Par avance est tendu de deuil[14]
Pour le sang qui va s'y répandre.
Tous braves à l'envi, tous pleins d'un noble orgueil,
Prétendent ne devoir qu'à leur valeur extrême
La conquête du diadème
Dont la soif vient d'armer leur bras.
Ici la fortune, plus sage,
Pour la première fois suspendant son suffrage,
Laissera décider sur ces affreux combats.
L'expérience et le courage,
Elle ne s'en mêlera pas.

Par une industrieuse fuite,
Vainement le poltron médite
D'échapper aux périls qui lui sont présentés.
Nul ne peut fuir : le champ a des quatre côtés
Un précipice pour barrière.

---

[14] L'échiquier ou damier a ordinairement un fond noir.

C'est là que de chacun la vertu fait le fort,
On s'y couvre à l'envi de sang et de poussière.
La victoire suit d'ordinaire
Le plus adroit et le plus fort.
Mais tous doivent enfin par un illustre effort,
Dans cette sanglante carrière,
Trouver la victoire ou la mort.

Les postes de ces deux armées,
Dans le métier de Mars toutes deux conformées,
Sont avantageux, mais égaux :
De bons ouvrages à créneaux[15],
Droites et gauches sont flanquées.
Les postes pris, bientôt par les peuples rivaux,
Droites et gauches attaquées,
Soutiennent les plus forts assauts,
Aussi les attaques manquées.
Ces deux Tours qu'au besoin de bois on a cro-
      quées,
Se portent par monts et par vaux,
Et de plusieurs côtés braquées,
Deviennent au besoin de petits généraux.

De champions différents la carrière est remplie :
Certains braves hussards sans parents ni manoir,
Arrivés de Lignopolie,
Avec diagonal pouvoir[16],
Simples d'ajustement, n'ayant eu de leur vie
Linge, toilette ni miroir.
Mais du reste, joignant la force à l'industrie,
Doivent avec adresse y faire leur devoir.
Leur uniforme est blanc et noir,

---

[15] Les Tours.
[16] Les Fous.

On les accuse de folie.
Cependant gens qui les ont vus,
Disent que ce n'est pas chose bien avérée,
Qu'au contraire ils ont tous sous leurs bonnets pointus
Une cervelle bien timbrée.
Tantôt vainqueurs, tantôt battus,
Quelquefois comme un trait traversant la bataille,
Ils portent des coups imprévus,
Et quelquefois aussi se retirent confus,
Sans avoir fait exploit qui vaille.

Près d'eux combat l'arrière-ban[17].
Les troupes en deux corps se forment sur les ailes,
Sous le feu des deux citadelles
Qui bornent l'un et l'autre flanc.
Noblesse assez mal équipée,
Gentilshommes boiteux et marchant de travers,
Mais se portant partout, entreprenants, légers,
Et valeureux comme Pompée.
Malheur à celui qui se trouve au bout de leur épée,
Maîtres d'armes sont moins adroits.
Le jeu fin, la botte trompeuse,
Portant plusieurs coups à la fois,
Faisant feinte à la mer et tirant à la meute,
Il n'est ravins, ruisseaux ni bois
Qui puissent un moment retarder leur passage.
D'un pas oblique et sûr, sans changer de visage,
Ils sautent tous à cloche-pied,
Tantôt vont en avant, tantôt lâchent le pied,
Se servant de ruse à la guerre.

---

[17] Les Cavaliers.

Et sans vouloir trop les vanter,
S'ils font quelque pas en arrière,
C'est à coup sûr pour mieux sauter.
Souvent on les a vus braver les hallebardes
Qui couvrent le quartier du Roi,
Y porter la crainte et l'effroi,
Et l'attaquer lui-même au milieu de ses gardes.
Il faut de tels boiteux se garder avec soin :
Pour les éviter ou les battre,
Le plus sûr est de les combattre,
Ou de fort près ou de fort loin.

Chez ces peuples, on fait grand cas de la vaillance.
Chaque soldat qui peut, sans verser tout son sang,
Percer de l'ennemi jusqu'au dernier rang,
Reçoit, dans l'instant de sa chance,
De l'aveu général de l'un et l'autre chef,
Le hausse-col pour récompense[18],
Sans qu'il lui faille d'autre bref[19].
Mais si devenu capitaine,
Le besoin de l'État pour lequel il est né,
Veut même qu'il soit couronné,
Contre l'ordre sacré de la nature humaine
(Cent fois je m'en suis étonné)[20],
Le même soldat devient Reine,

---

[18] Promotion du pion.
[19] Brevet.
[20] Certainement une précaution de l'auteur du poème, qui ne veut pas donner l'impression qu'il pourrait contester le principe de la monarchie de droit divin qui avait cours à l'époque, ce qui risquerait de le faire censurer. (N.D.T)

Gens croyables ont vu le cas.

Ils se rangent aussi d'une étrange manière :
Leur premier rang est de soldats,
Tous les officiers sont derrière.
Ce n'est pas que pour eux l'honneur n'ait mille appâts,
Car selon qu'il est nécessaire,
Ils passent tous devant et cherchent le trépas.

Leurs Reines, méprisant les amoureux ébats,
Se donnent à l'art militaire.
Amazones jadis de la vertu guerrière
Ne firent à aucun moment plus de cas.
Jamais on ne leur voit timide embarras
Partagé par leur sexe d'ordinaire.
Les armes à la main, d'une course légère,
Elles portent partout l'horreur et le fracas[21].
Tout tombe sous l'effort de leur main meurtrière.
Cependant des deux Rois, la Majesté plus fière
Ne s'ébranle que pas à pas[22].

Mais pour finir tous leurs débats,
Voyons, leur ai-je dit, Amis que faut-il faire ?
Après bien du jargon que je n'entendis guère,
La gent au teint livide[23] a demandé mon bras.
L'autre peuple à ce cri, tout rouge de colère[24],
Nous voulons, a-t-il dit, d'un ton fier à bras,
Nous voulons pour chef ***.

_____

[21] Les Dames vont dans tous les sens.
[22] Les Rois ne peuvent faire qu'un pas.
[23] Les Blancs.
[24] Les Noirs, dont la couleur des pièces était souvent rouge à l'époque où le poème a été rédigé. (N.D.T)

C'est un foudre, c'est un tonnerre,
Nous l'avons vu dans nos combats.
Il est malheureux à la guerre,
Mais c'est vaincre qu'avoir un glorieux trépas.
Mais encore, ai-je dit, quoi ? ne pourrions-nous pas
Apaiser... non, non, bagatelle,
Ont-ils crié tous à la fois.
Nous ne pouvons cesser notre haine mortelle
Que réduits aux derniers abois.
Deux horribles malheurs finiront la querelle,
À savoir de presque tous la perte mutuelle,
Et la prison d'un de nos Rois.

À ce triste combat que l'honneur nous demande,
Amis, courons sans balancer.
L'amitié doit s'en offenser,
Mais l'amitié se tait dès que l'honneur commande.
Ô d'un sévère honneur trop rigoureux pouvoir !
Mais sans nous amuser à répandre des larmes,
Amis, souvenez-vous que nous devons nous voir.
Prenez surtout de bonnes armes,
Faites de votre mieux, je ferai mon devoir.

Albe et Rome[25] ont causé jadis mêmes alarmes.
Il faut vaincre ou gagner le ténébreux manoir.
Ô d'un sévère honneur trop rigoureux pouvoir !

---

[25] Les Horaces et les Curiaces.

Les cent fins de parties

N° 1
Les Blancs au trait

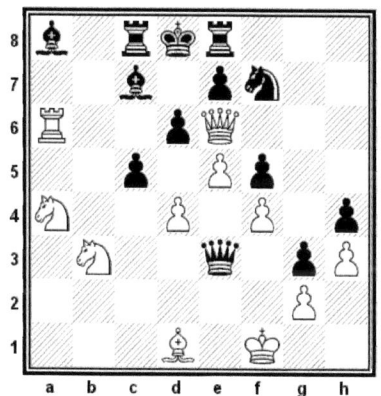

N° 2
Les Blancs au trait

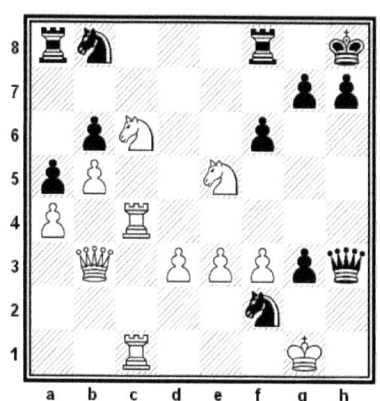

N° 3
Les Blancs au trait

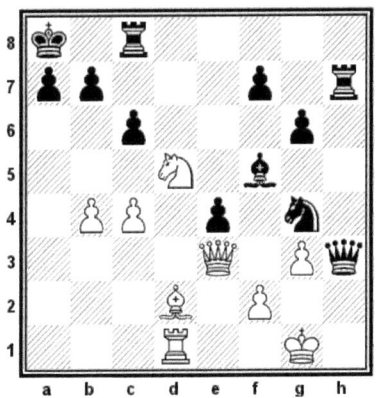

N° 4
Les Blancs au trait

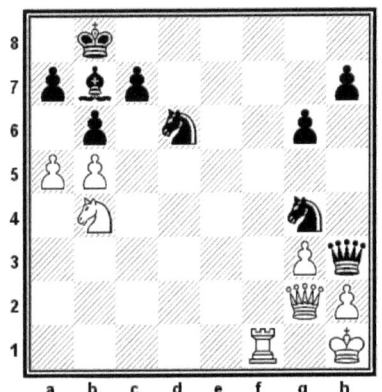

N° 5
Les Blancs au trait

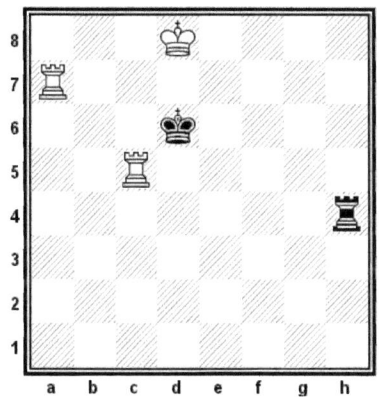

N° 6
Les Blancs au trait

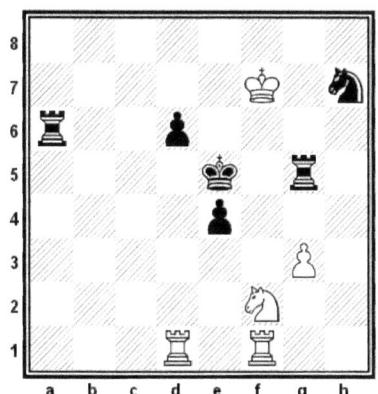

N° 7
Les Blancs au trait

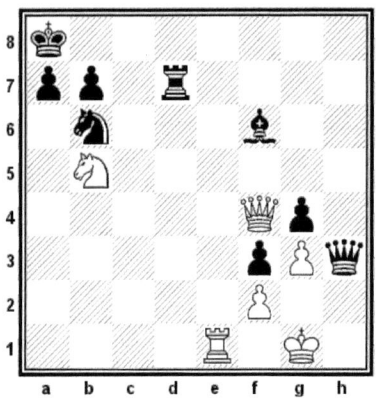

N° 8
Les Blancs au trait

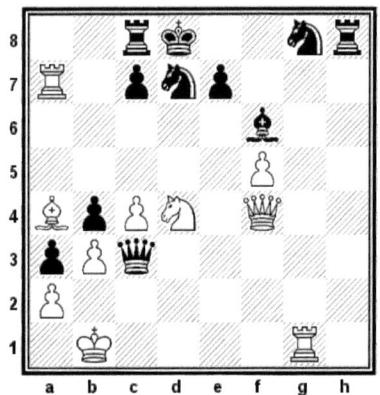

N° 9
Les Blancs au trait

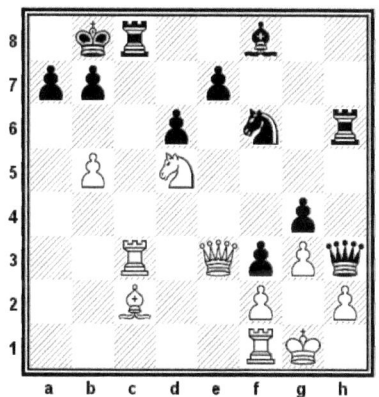

N° 10
Les Blancs au trait

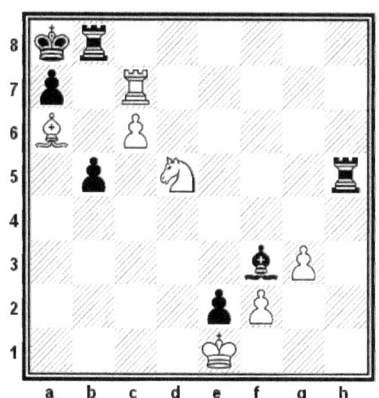

N° 11
Les Blancs au trait

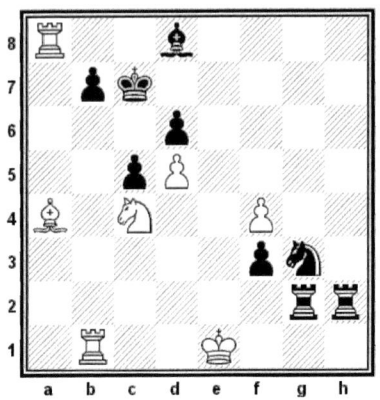

N° 12
Les Blancs au trait

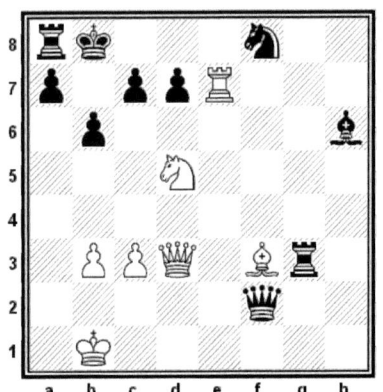

N° 13
Les Blancs au trait

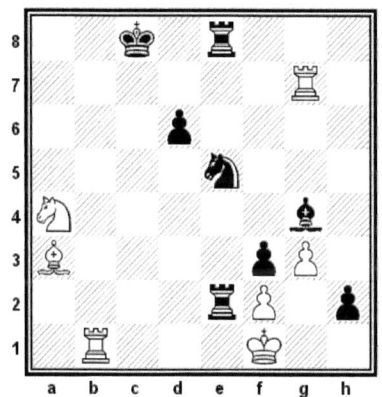

N° 14
Les Blancs au trait

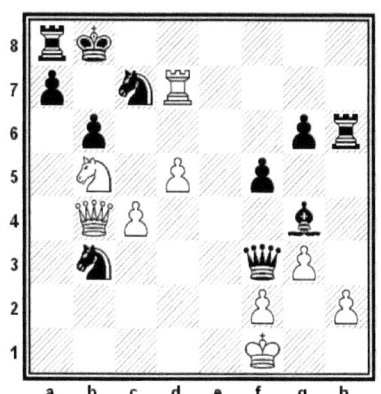

N° 15
Les Blancs au trait

N° 16
Les Blancs au trait

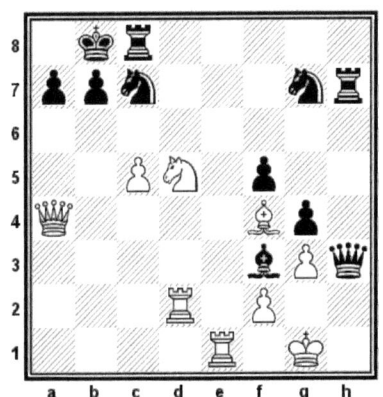

N° 17
Les Blancs au trait

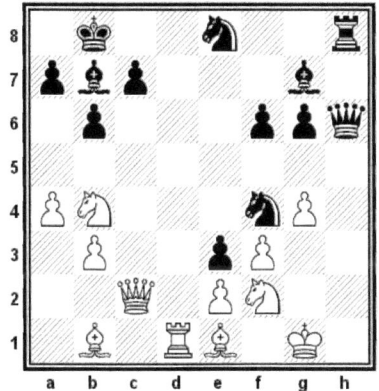

N° 18
Les Blancs au trait

N° 19
Les Blancs au trait

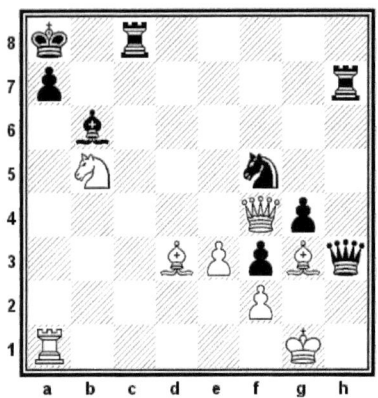

N° 20
Les Blancs au trait

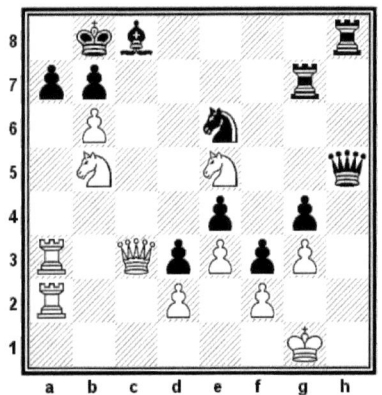

N° 21
Les Blancs au trait

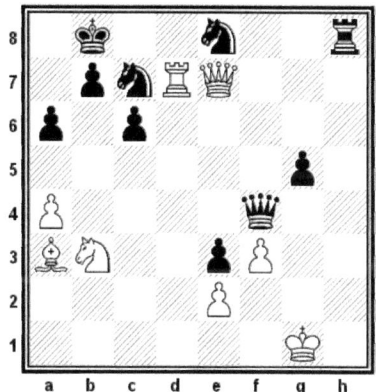

N° 22
Les Blancs au trait

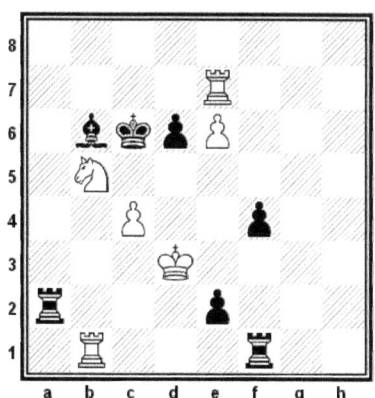

N° 23
Les Blancs au trait

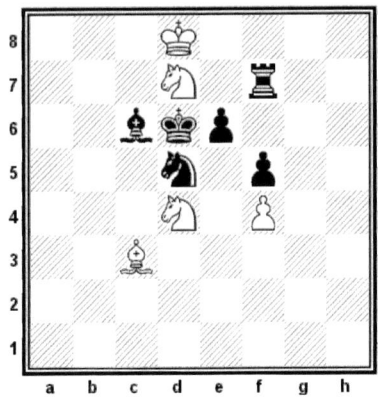

N° 24
Les Blancs au trait

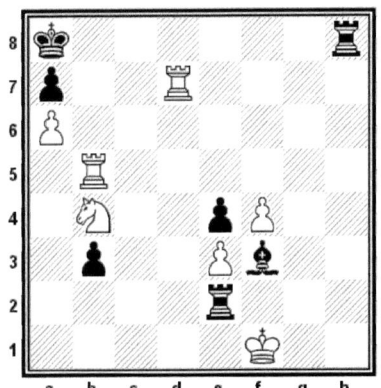

N° 25
Les Blancs au trait

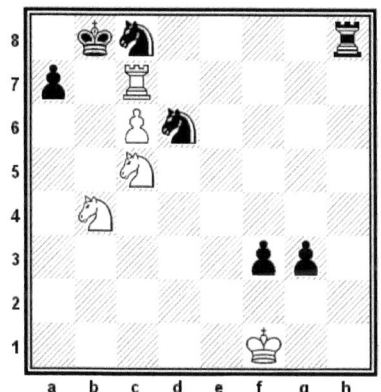

N° 26
Les Blancs au trait

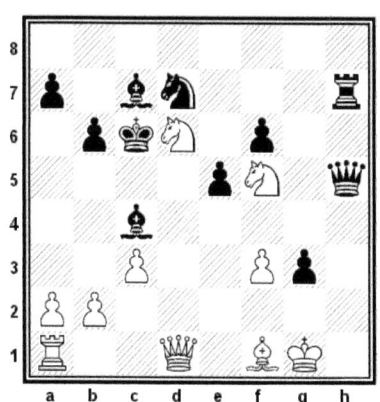

N° 27
Les Blancs au trait

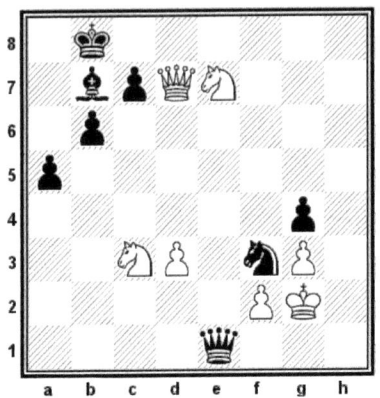

N° 28
Les Blancs au trait

N° 29
Les Blancs au trait

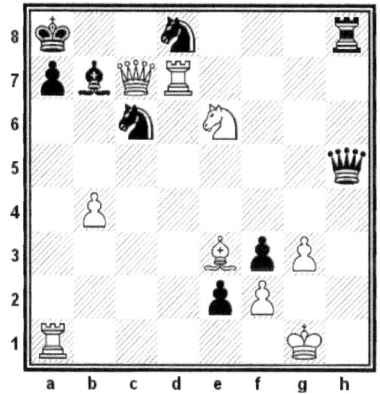

N° 30
Les Blancs au trait

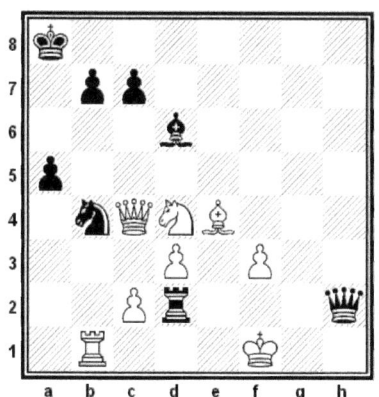

N° 31
Les Blancs au trait

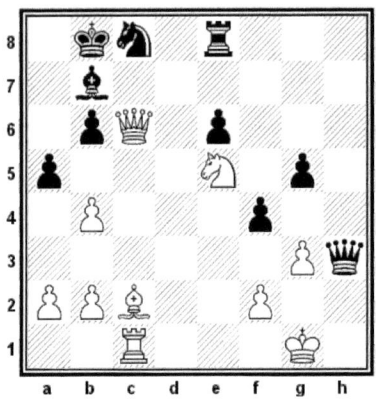

N° 32
Les Blancs au trait

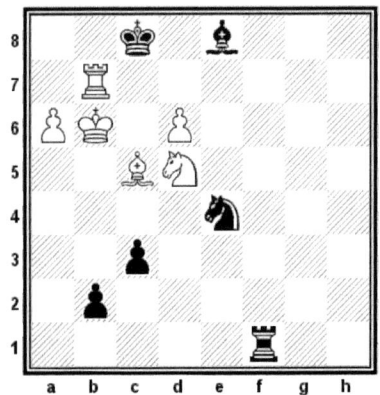

N° 33
Les Blancs au trait

N° 34
Les Blancs au trait

N° 35
Les Blancs au trait

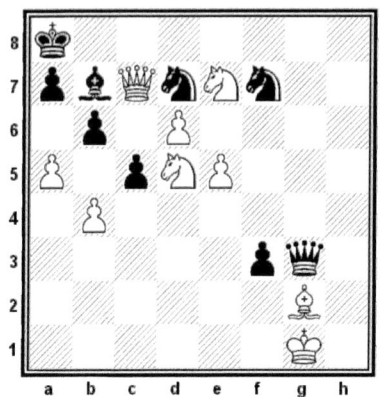

N° 36
Les Blancs au trait
(problème qui utilise la règle du pat gagnant)

N° 37
Les Blancs au trait

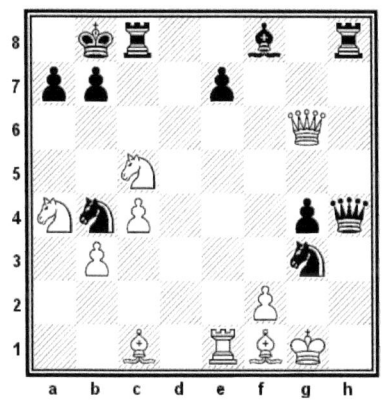

N° 38
Les Blancs au trait

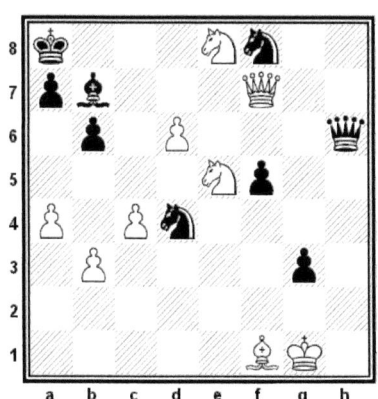

N° 39
Les Blancs au trait

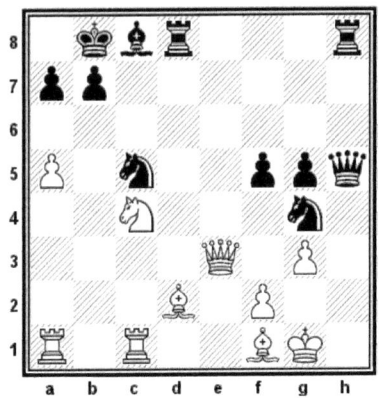

N° 40
Les Blancs au trait

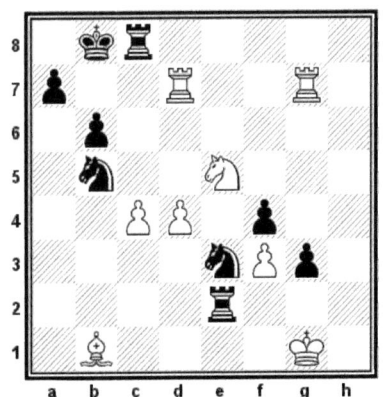

N° 41
Les Blancs au trait

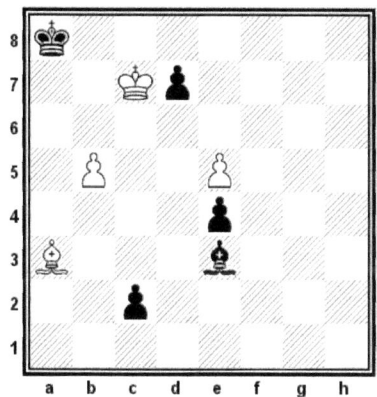

N° 42
Les Blancs au trait

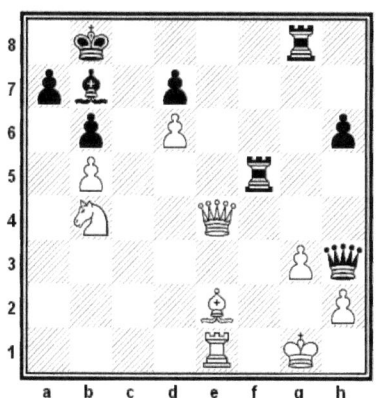

N° 43
Les Blancs au trait

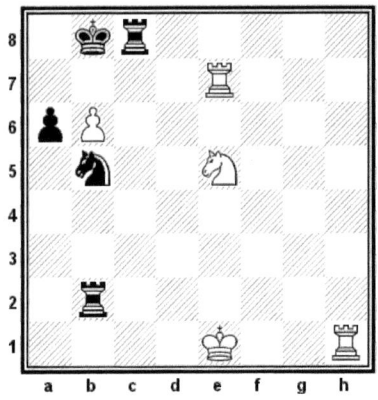

N° 44
Les Blancs au trait

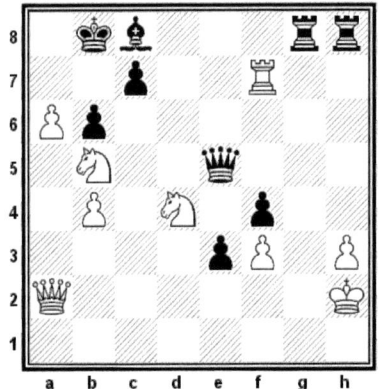

N° 45
Les Blancs au trait

N° 46
Les Blancs au trait

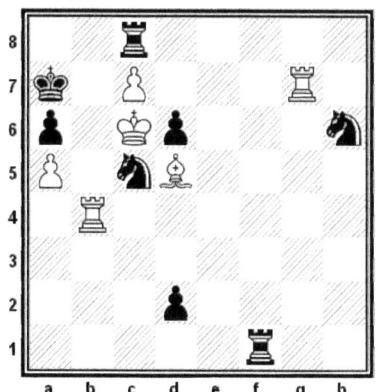

N° 47
Les Blancs au trait

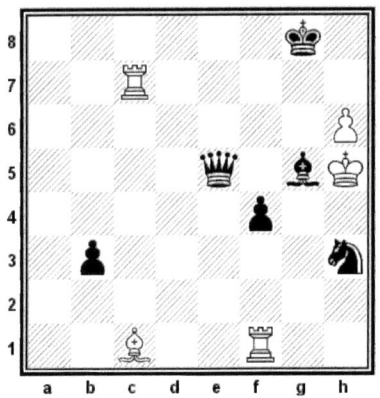

N° 48
Les Blancs au trait

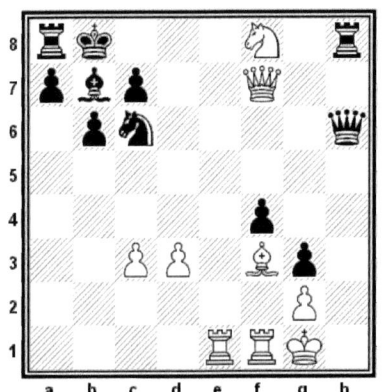

N° 49
Les Blancs au trait

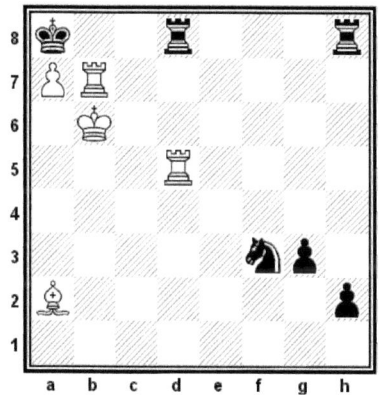

N° 50
Les Blancs au trait

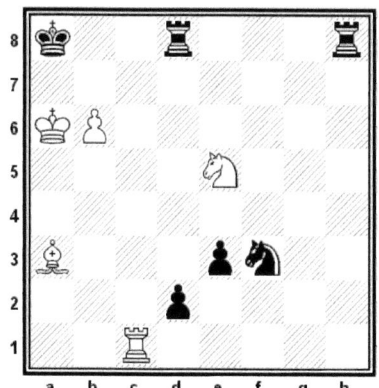

N° 51
Les Blancs au trait

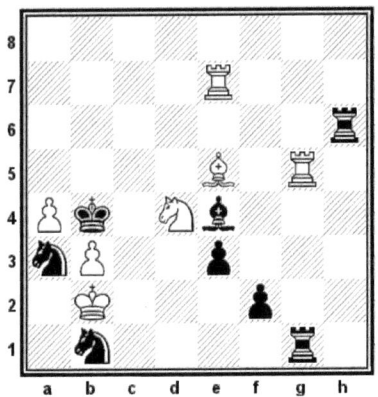

N° 52
Les Blancs au trait

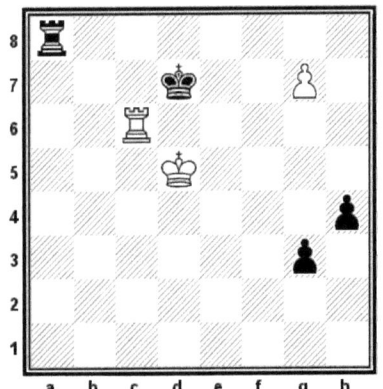

N° 53
Les Blancs au trait

N° 54
Les Blancs au trait

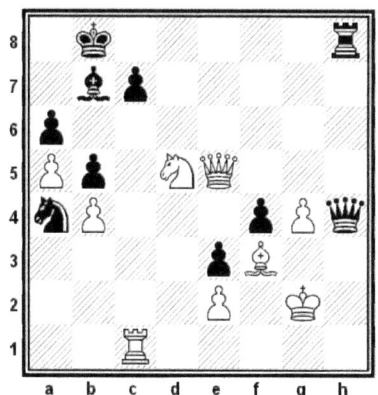

N° 55
Les Blancs au trait

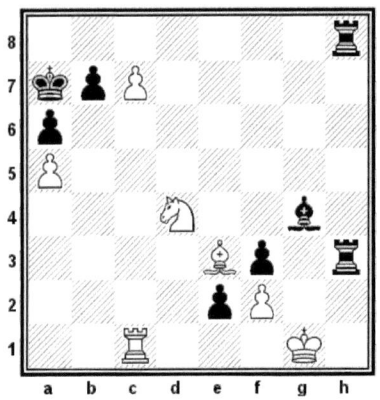

N° 56
Les Blancs au trait

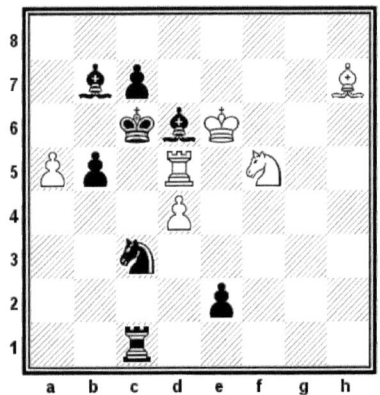

N° 57
Les Blancs au trait

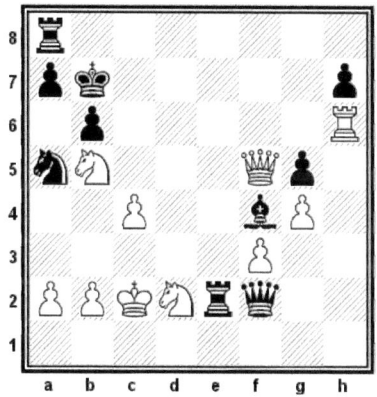

N° 58
Les Blancs au trait

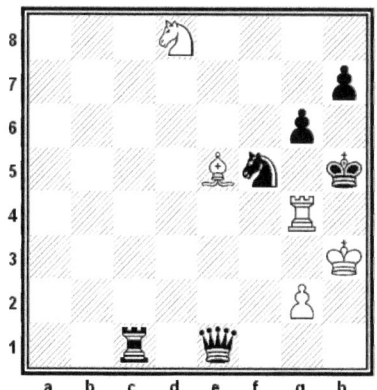

N° 59
Les Blancs au trait
(problème qui utilise la règle du pat gagnant)

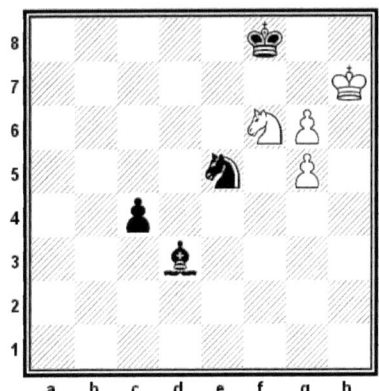

N° 60
Les Blancs au trait

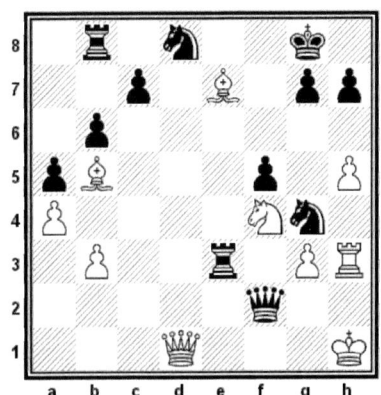

N° 61

Les Blancs au trait
(problème qui utilise la règle du pat gagnant dans la solution originelle de Stamma, mais qui peut être résolu sans avoir recours à cette règle)

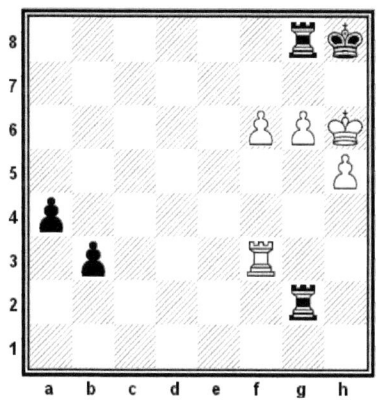

N° 62

Les Blancs au trait

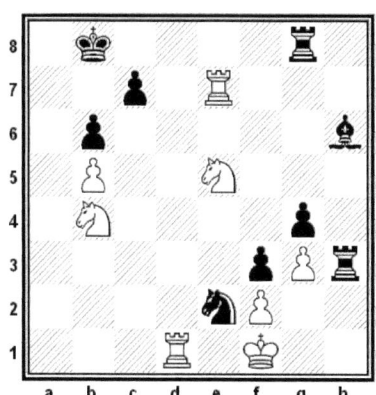

N° 63
Les Blancs au trait

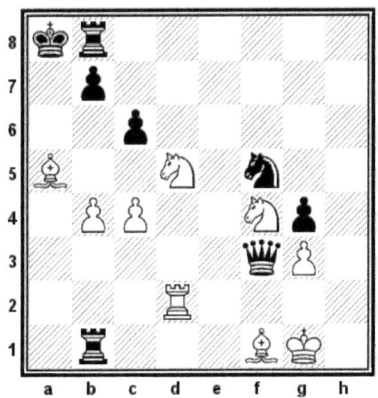

N° 64
Les Blancs au trait

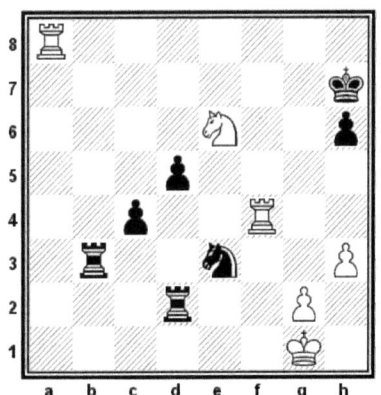

N° 65
Les Blancs au trait

N° 66
Les Blancs au trait

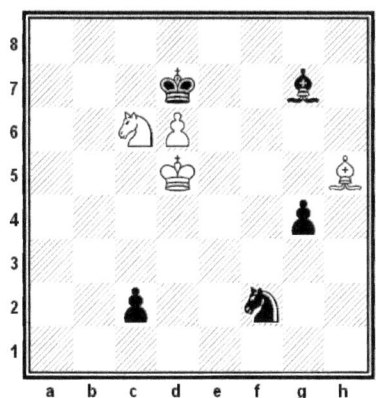

N° 67
Les Blancs au trait
(problème qui utilise la règle du pat gagnant)

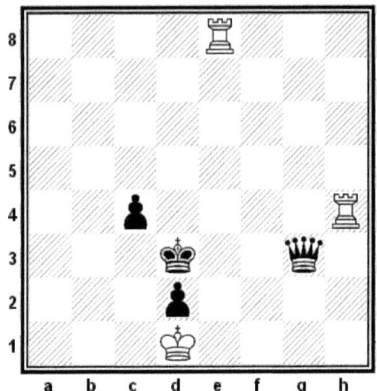

N° 68
Les Blancs au trait

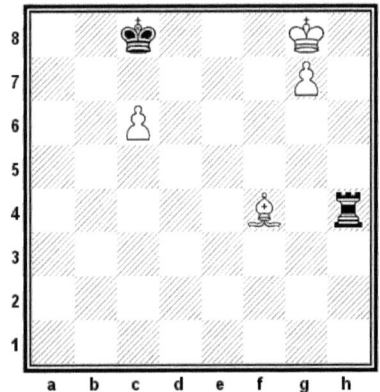

N° 69
Les Blancs au trait

N° 70
Les Blancs au trait

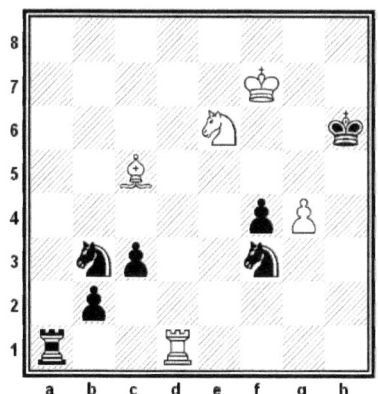

N° 71
Les Blancs au trait

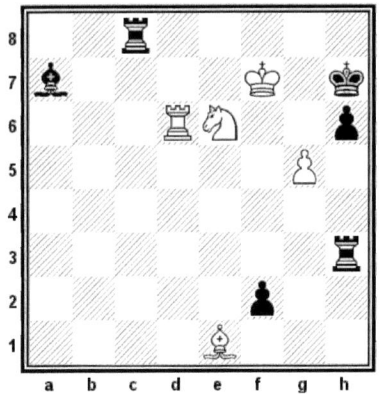

N° 72
Les Blancs au trait

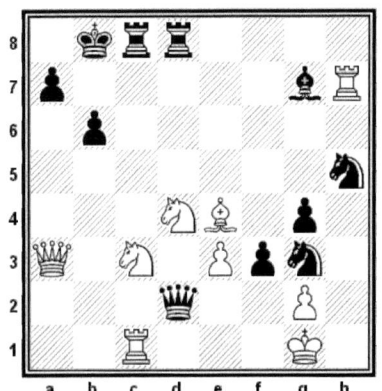

N° 73
Les Blancs au trait

N° 74
Les Blancs au trait

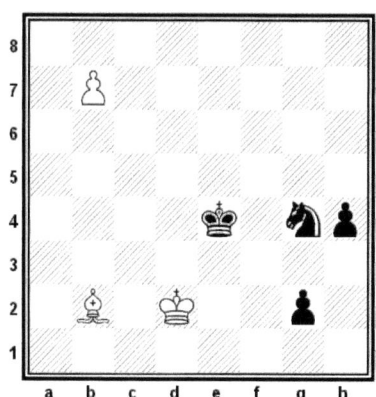

N° 75
Les Blancs au trait

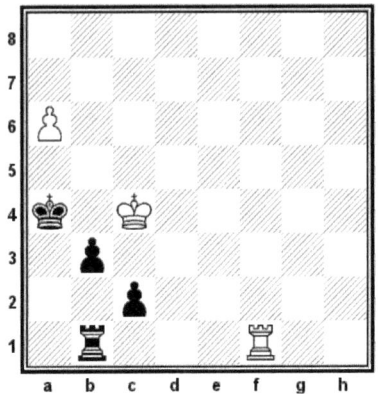

N° 76
Les Blancs au trait

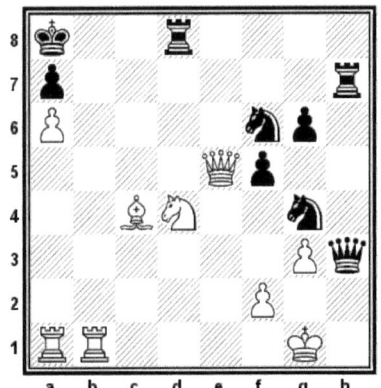

N° 77
Les Blancs au trait

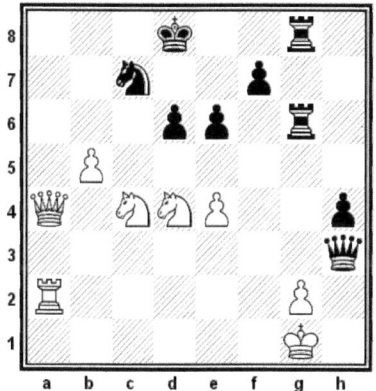

N° 78
Les Blancs au trait

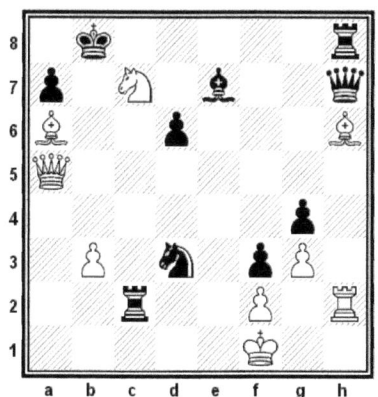

N° 79
Les Blancs au trait

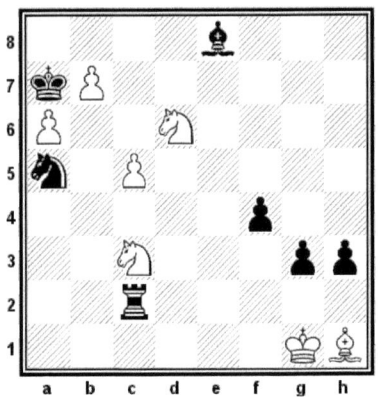

N° 80
Les Blancs au trait

N° 81
Les Blancs au trait

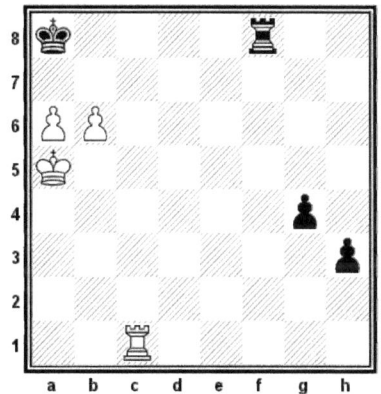

N° 82
Les Blancs au trait

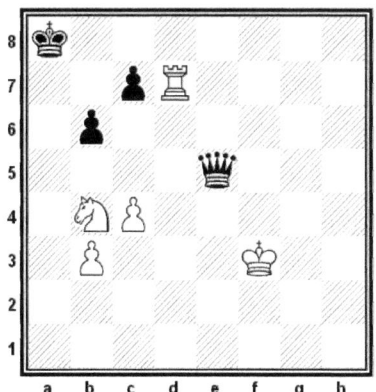

N° 83
Les Blancs au trait

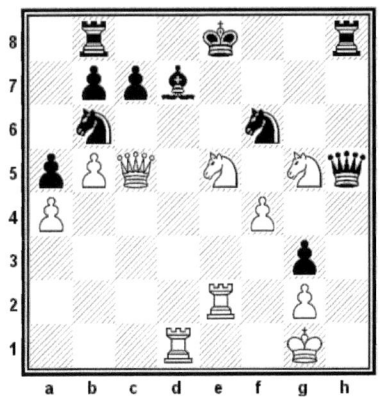

N° 84
Les Blancs au trait

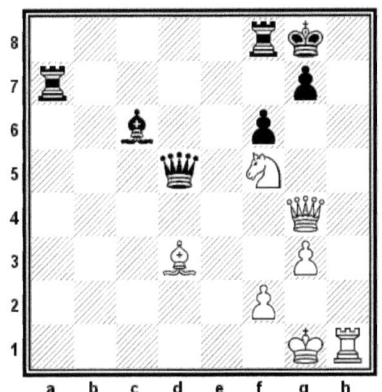

N° 85
Les Blancs au trait

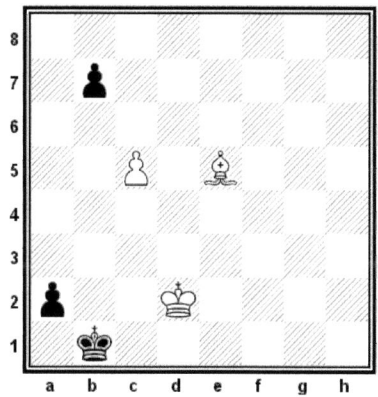

N° 86
Les Blancs au trait

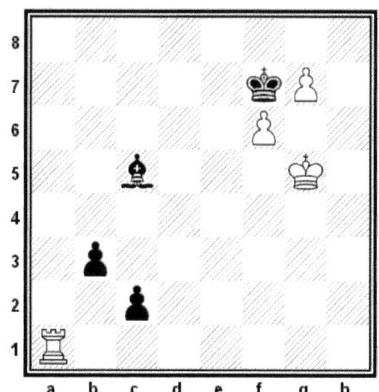

N° 87
Les Blancs au trait

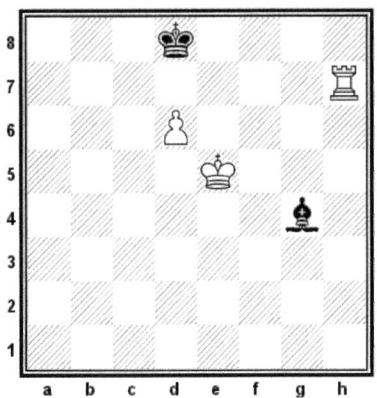

N° 88
Les Blancs au trait

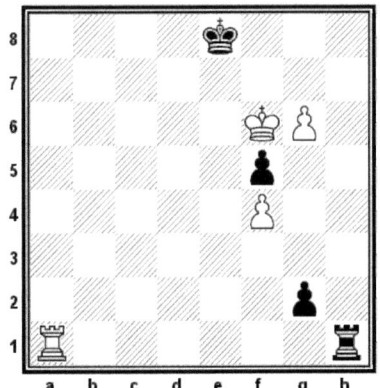

N° 89
Les Blancs au trait

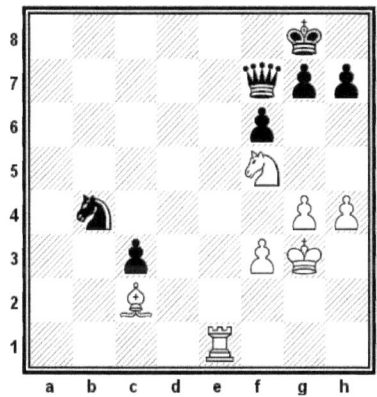

N° 90
Les Blancs au trait

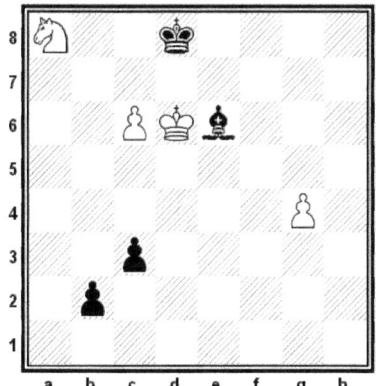

N° 91
Les Blancs au trait

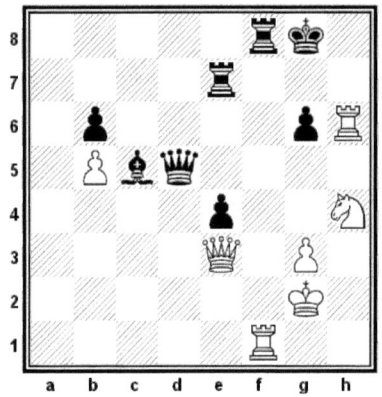

N° 92
Les Blancs au trait

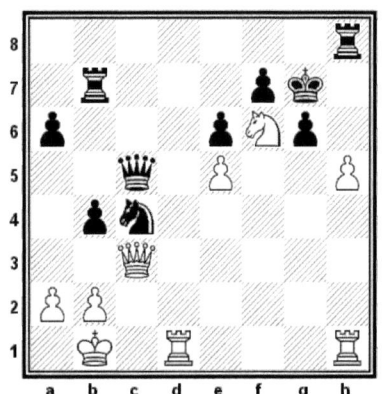

N° 93
Les Blancs au trait

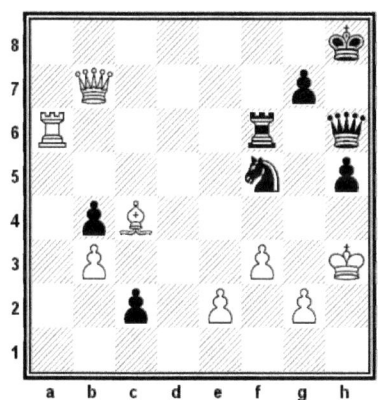

N° 94
Les Blancs au trait

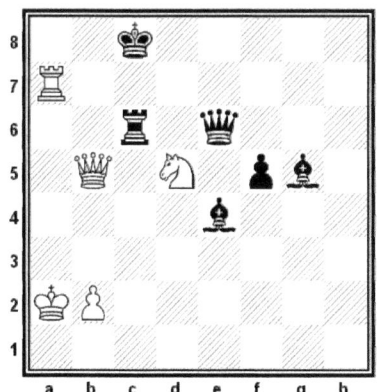

N° 95
Les Blancs au trait

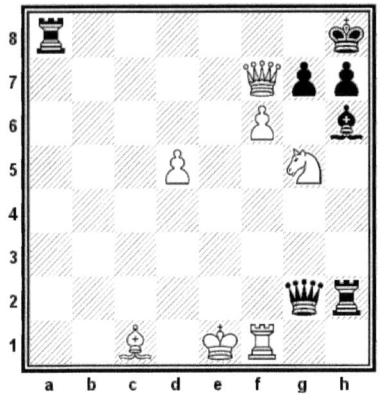

N° 96
Les Blancs au trait

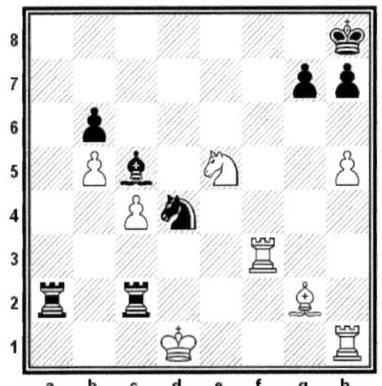

N° 97
Les Blancs au trait

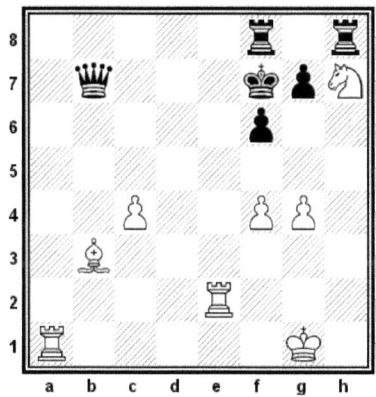

N° 98
Les Blancs au trait

N° 99
Les Blancs au trait

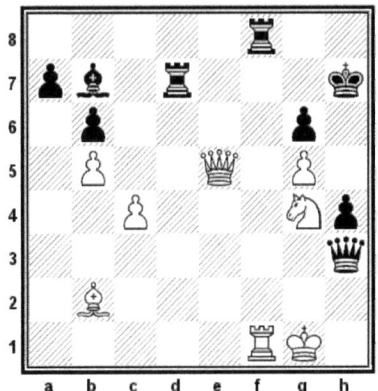

N° 100
Les Blancs au trait

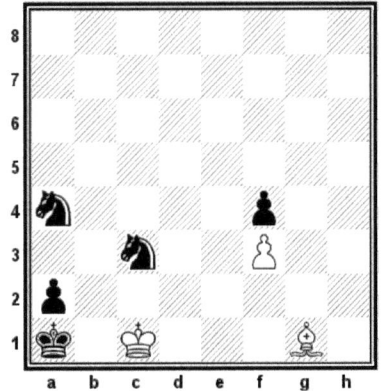

Les solutions des cent fins de parties

N° 1

1.Dd7+ Rxd7 2.Caxc5+ dxc5
[2...Rd8 3.Ce6+ Rd7 4.Cbc5+ dxc5 5.Fa4+ Fc6 6.Fxc6+ Rxe6 7.d5#]
3.Cxc5+ Rd8 4.Ce6+ Rd7 5.Fa4+ Fc6 6.Fxc6+ Rxe6 7.d5# 1–0

N°2

1.Th4 Dxh4
*[1...Df5 2.e4 Dg5 (2...Ch3+ 3.Rg2 Cf4+ 4.Txf4 Dxf4 5.Dg8+ Rxg8 6.Ce7+ Rh8 7.Cf7+ Txf7 8.Tc8+ Tf8 9.Txf8#) 3.Dg8+ Rxg8 4.Ce7+ Rh8 5.Cf7+ Txf7 6.Tc8+ Tf8 7.Txf8#;
1...fxe5 2.Txh3 Cxh3+ 3.Rg2+–]*
2.Dg8+ Rxg8 3.Ce7+ Rh8 4.Cf7+ Txf7 5.Tc8+ Tf8 6.Txf8# 1–0

N°3

1.Dxa7+ Rxa7 2.Ta1+ Rb8 3.Ff4+ Tc7 4.Fxc7+ Rc8 5.Ta8+ Rd7 6.Td8+ Re6 7.Te8+ Rd7 8.Te7+ Rc8 9.Cb6# 1–0

N°4

1.Tf8+ Cc8
[1...Fc8 2.Ca6#]
2.Dxb7+ Rxb7 3.a6+ Rb8 4.Cc6+ Ra8 5.Txc8# 1–0

N° 5

1.Th5 Txh5 2.Ta6+ Re5 3.Ta5+ Rf4 4.Txh5+− 1−0

N°6

1.Cg4+ Txg4 2.Tf5+ Rxf5 3.Td5# 1−0

N° 7

1.Te8+ Fd8 2.Txd8+ Txd8 3.Cc7+ Rb8 4.Ca6+ Ra8 5.Db8+ Txb8 6.Cc7# 1−0

N° 8

1.Dxc7+ Txc7 2.Ta8+ Tc8
[2...Cb8 3.Txb8+ Tc8 4.Ce6#]
3.Ce6+ Re8 4.Txc8+ Rf7 5.Tf8+ Cxf8 6.Cd8# 1−0

N° 9

1.Dxa7+ Rxa7 2.Ta1+ Rb8 3.Ta8+ Rxa8 4.Txc8+ Ra7 5.b6+ Ra6 6.Fd3+ Ra5 7.Ta8# 1−0

N° 10

1.Fb7+ Txb7 2.Tc8+ Tb8 3.Cc7# 1−0

N° 11

1.Txb7+ Rxb7 2.Fc6+ Rc7 3.Ta7+ Rb8
[3...Rc8 4.Cxd6+ Rb8 5.Tb7+ Ra8 6.Tb6+ Ra7 7.Cc8#]
4.Tb7+ Ra8 5.Td7+ Rb8 6.Txd8+ Rc7 7.Td7+ Rb8 8.Tb7+ Rc8 9.Cxd6+ Rd8 10.Td7# 1–0

N° 12

1.Te8+ Rb7 2.Da6+ Rxa6
[2...Rc6 3.Cb4+ Rd6 (3...Rc5 4.Dc4+ Rd6 5.Dd5#) 4.Dd3+ Rc5 5.Dd5#]
3.Cxc7+ Ra5 4.b4+ Ra4 5.Fd1+ Ra3 6.Cb5# 1–0

N° 13

1.Tb8+ Rxb8 2.Fxd6+ Rc8 3.Cb6+ Rd8 4.Td7+ 1–0

N° 14

1.Td8+ Rb7 2.Cd6+ Ra6 3.Da4+ Ca5 4.Db5+ Cxb5 5.cxb5# 1–0

N° 15

1.Rc4 a2 2.Rb3 a1C+ 3.Rc3 Cc2 4.Te2 Ca3
[4...Ca1 5.Tf2+−]
5.Rb3+− 1–0

N° 16

1.Fxc7+ Txc7 2.Dxa7+ Rxa7 3.Ta1+ Rb8 4.Ta8+ Rxa8 5.Cb6+ Rb8 6.Td8+ Ra7 7.Ta8# 1–0

N° 17

1.Cc6+ Fxc6 2.Td8+ Rb7 3.Dxc6+ Rxc6 4.Fe4+ Rc5
  [4...Cd5 5.Fxd5+ Rc5 6.Ce4+ Rd4 7.Fc3#]
5.Cd3+ Cxd3 6.Td5+ Rc6 7.Txd3+ Rc5 8.b4+ Rc4 9.Fd5# 1–0

N° 18

La variante originelle de Stamma donne le gain aux Blancs, mais nous avons trouvé une réfutation.

Variante originelle
1.Td8+ Cb8
  [1...Rb7 2.De4+ Tc6 3.Td7+ Rc8 4.Dxc6+ Cc7 5.Txc7+ Txc7 6.Dxc7#]
2.Dc6+ Tab7 3.Txb8+ Rxb8
  [3...Ra7 4.Cb5+ Ra6 5.Ta8+ Ta7 6.Cxc7#]
4.Cd7+
  [4.Fxc7+ Ra8 5.De8+ Ra7 6.Cb5+ Ra6 7.Da8+ Rxb5 8.De8+ Rc4 9.Da4+ Rd3 10.Dd1+ Cd2–+]
4...Rc8? (cf. réfutation) 5.Cxb6+ Rd8 6.Fxc7+ Txc7 7.Da8+ Tc8 8.Dxc8# 1–0

La réfutation a lieu au 4e coup.
4...Ra8!! 5.Cxb6+ Ra7 6.Cb5+ Ra6 7.Cxc7+ Txc7 8.Da8+ Rb5 9.Dd5+ Tc5 10.Dd3+

Rxb6 11.Db3+ Ra7 12.Db8+ Ra6 13.Da8+ Rb5 14.De8+ Rc4 15.Da4+ Rd3 16.Dd1+ Cd2–+ 0–1

N° 19

1.Fe4+ Tb7 2.Db8+ Txcb8 3.Txa7+ Fxa7 4.Cc7# 1–0

N° 20

1.Cd7+ Txd7
[1...Fxd7 2.Dc7+ Cxc7 3.bxa7+ Rc8 4.a8D+ Cxa8 5.Txa8#]
2.De5+ Dxe5 3.Txa7 Cc7 4.bxc7+ Txc7 5.Ta8# 1–0

N° 21

1.Td8+ Ra7 2.Dc5+ b6 3.Dxb6+ Rxb6 4.Fc5+ Rb7 5.Ca5# 1–0

N° 22

1.Tc7+ Fxc7 2.Cd4+ Rc5 3.Tb5# 1–0

N° 23

1.Cxf5+ exf5
[1...Txf5 2.Fe5+ Txe5 3.fxe5#]
2.Fe5+ Re6 3.Cc5# 1–0

N° 24

1.Th5 Fxh5
[1...Tc8 2.Cc6+−]
2.Cc6+− 1−0

N° 25

1.Tb7+ Cxb7
[1...Ra8 2.Tb8+ Rxb8 3.Cba6+ Ra8 4.Cc7+ Rb8 5.C5a6#]
2.Cba6+ Ra8 3.cxb7# 1−0

N° 26

1.Dd5+ Rxd5
[1...Fxd5 2.Fb5+ Rc5 3.b4#]
2.Fxc4+ Rc5 3.b4+ Rc6 4.Fb5+ Rd5 5.Td1+ Re6 6.Fc4# 1−0

N° 27

1.Dd8+ Ra7 2.Cb5+ Ra6 3.Cxc7+ Ra7 4.Cc8+ Fxc8
[4...Rb8 5.Cd6+ Ra7 6.Cdb5#]
5.Cb5+ Ra6 6.Dxc8+ Rxb5 7.Dc4# 1−0

N° 28

1.Ta5+ Rxa5
[1...Rb6 2.Dxc5#]
2.Dxc5+ dxc5 3.Cc4+ Rb5 4.Tb6# 1−0

N° 29

1.Txa7+ Cxa7 2.Db8+ Rxb8 3.Ff4+ Rc8
4.Tc7+ Rb8 5.Tc5+ Ra8 6.Cc7+ Rb8 7.Cd5+
Ra8 8.Cb6# 1–0

N° 30

1.Da6+ Cxa6 2.Fxb7+ Ra7 3.Cc6# 1–0

N° 31

1.Cd7+ Ra7 2.Dxb7+ Rxb7 3.Fe4+ Ra6
4.b5+ Rxb5 5.Fd3+ Rb4 6.Tc4+ Rb5 7.a4+
Ra6 8.Tc7+ b5 9.Fxb5# 1–0

N° 32

1.d7+ Fxd7
[1...Rd8 2.Fe7#]
2.Tb8+ Rxb8 3.a7+ Ra8
[3...Rc8 4.a8D#]
4.Cc7# 1–0

N° 33

1.Cxb5+ Cxe7
*[1...Tc7 2.Ta7+ Rb8 (2...Rc8 3.Taxc7+ Rd8
4.Tcd7+ Rc8 5.Ca7+ Rb8 6.Te8#) 3.Te8+ Tc8
4.Fe5+ Cd6 5.Fxd6#]*
2.Ta7+ Rb8 3.Fe5+ Tc7 4.Fxc7+ Rc8
5.Ta8+ Rd7 6.Td8+ Re6 7.Td6+ Rf5
8.Cd4# 1–0

N° 34

1.Cxc6+ Txc6
[1...Rc7 2.Da7+ Txa7 3.Txa7+ Rd6 4.e5+ Rd5 5.c4#]
2.Dxa8+ Rc7 3.Ta7+ Rd6 4.Df8+ Cxf8 5.e5+ Rd5 6.c4+ Txc4 7.Fe4# 1−0

N° 35

1.Dc8+ Fxc8 2.Cc7+ Rb8 3.Cc6+ Rb7 4.a6+ Rxc6 5.b5# 1−0

N° 36

Problème qui met en jeu la règle du pat gagnant.

1.Tb8+ Cxb8 2.a7 +− 1−0
Si le Cavalier noir bouge, les Blancs sont pat, ce qui, à l'époque où le problème a été composé (1737), signifiait un gain pour le camp en position de pat, en l'occurrence les Blancs. Sur tout autre coup noir, il suit axb8=D avec mat.

N° 37

1.Ff4+ Ra8
[1...e5 2.Cd7+ Rc7 3.Fxe5+ Rd8 4.Ff6+ Fe7 5.Fxh4+−]
2.Cb6+ axb6 3.Ta1+ Ca6 4.Txa6+ bxa6 5.Fg2+ Ra7 6.Dxb6+ Rxb6 7.Cd7+ Ra7 8.Fe3+ Tc5 9.Fxc5# 1−0

N° 38

1.Cc7+ Rb8 2.De8+ Fc8 3.Ca6+ Rb7 4.Fg2+ Rxa6 5.Db5+ Cxb5 6.axb5+ Ra5 7.Cc6# 1−0

N° 39

1.Df4+ gxf4 2.Fxf4+ Ra8 3.Cb6+ axb6 4.axb6+ Ca6 5.Txc8+ Txc8 6.Txa6+ bxa6 7.Fg2+ Tc6 8.Fxc6# 1−0

N° 40

1.Tb7+ Ra8 2.Tb8+ Rxb8 3.Cd7+ Rc7 4.Cc5+ Rd8 5.Ce6+ Re8 6.Fg6# 1−0

N° 41

1.Fc1 Fxc1
[1...Fd4 2.b6 Fxe5+ (2...Fxb6+ 3.Rxb6 Rb8 4.Rc5 Rc7 5.Rd5 Rb6 (5...Rd8 6.Rd6 Re8 7.Fg5 Rf7 8.Rxd7 Rg6 9.Fc1+−) 6.Rd6 Rb5 7.Rxd7+−) 3.Rc8 d5 4.Fa3 Fd6 5.Fc5 Fxc5 6.b7+ Ra7 7.b8D+ Ra6 8.Db2+−]
2.b6 Fe3 3.b7+ Ra7 4.b8D+ Ra6 5.Da8+ Rb5 6.Dc6+ Rb4 7.Dxc2+− 1−0

N° 42

La variante originelle de Stamma donne le gain aux Blancs, mais nous avons trouvé une réfutation.

Variante originelle
1.Ca6+ Ra8
[1...Fxa6 2.bxa6 Txg3+ 3.Rh1+–;
1...Rc8 2.Dc4+ Fc6 3.Dxg8+ Rb7 4.Db8#]
2.Ff3
[Meilleure variante après la découverte de la réfutation : répéter les coups par : 2.Cc7+ Rb8 3.Ca6+= ½–½]
2...Txf3? (cf. réfutation) 3.De8+ Txe8 4.Txe8+ Fc8 5.Txc8+ Rb7 6.Tb8# 1–0

La réfutation a lieu au 2e coup.
2...Txg3+!! 3.Rh1 Tg1+ 4.Rxg1 Tg5+ 5.Rf2 Dxh2+ 6.Re3 Te5–+ 0–1

N° 43

La variante originelle de Stamma ne constitue pas la défense noire la plus opiniâtre.

Variante originelle
1.Th8 Txh8?!
[1...Cd6 2.Cc6+ Ra8 3.Ta7#;
1...Tbc2 2.Cd7+ Ra8 3.b7+ Rxb7 4.Cc5+ Rb6 5.Tb7+ Ra5 6.Txc8 Th2 7.Tc6+–;
2.Cc6+ Ra8 3.b7# 1–0

La défense noire la plus opiniâtre a lieu au 1er coup.
1...Tb1+! 2.Rd2 Tb2+ 3.Re3 Tb3+ 4.Rf4 Tb4+ 5.Rg5 Tbc4± et il est difficile de gagner la position blanche.

N° 44

1.a7+ Ra8 2.Dd5+ Dxd5 3.Cxc7+ Rxa7 4.Cxd5+ Ra6 5.b5+ Ra5 6.Ta7+ Fa6 7.Txa6# 1–0

N° 45

1.Tf1+ Txf1 2.g8D b2 3.Dg7 Tg1
[3...Th1 4.Cd4 Txh4 5.Cb3+ Rb1 6.Dg6+ Te4 7.Dxe4#;
3...Rb1 4.Ca3+ Ra1 5.Cc4 Tf2 6.Rb5 Tg2 7.Dd4 Tc2 8.Rb4 Rb1 9.Ca3+ Rc1 10.Dg1+ Rd2 11.Df2+ Rd1 12.Dxc2++–]
4.De5 Te1 5.Dxe1+ b1D 6.Dc3+ Db2 7.Rc5 Rb1 8.Ca3+ Ra1 9.De1+ Db1 10.Cxb1 axb1D 11.Dxb1+ Rxb1 12.h5+– 1–0

N° 46

1.Tb8 Txb8
[1...d1D 2.Ta8+ Txa8 3.c8D+ Cb7 4.Dxb7#]
2.c8C+ Ra8 3.Ta7# 1–0

N° 47

1.h7+ Rh8
[1...Rf8 2.Te1 Da1 (2...b2 3.Txe5 Ff6 4.Fxb2 f3 5.Fa3+ Fe7 6.h8D+ Rf7 7.Tcxe7#; 2...Ff6+ 3.Txe5 Fxe5 4.Fa3+ Re8 5.Te7++–) 3.Fa3++–]
2.Fb2 Dxb2 3.Te1 Dg7 4.Txg7 Rxg7 5.h8D+ Rxh8 6.Rg6 Fh6 7.Te8+ Ff8 8.Txf8# 1–0

N° 48

1.Te8+ Fc8 2.Cd7+ Rb7 3.Cc5+ bxc5
[3...Rb8 4.Ca6+ Rb7 5.Dxc7+ Rxa6 6.Ta1+ Ca5 7.Fb7+ Fxb7 8.Dc4+ b5 9.Te6+ Fc6 10.Dxc6#]
4.Tb1+ Ra6 5.Dc4+ Ra5 6.Db5# 1–0

N° 49

La variante originelle de Stamma donne le gain aux Blancs, mais nous avons trouvé une réfutation. Il existe néanmoins une autre variante pour gagner avec les Blancs.

Variante originelle réfutée
1.Th7? Thf8? (cf. la réfutation) 2.Txd8+ Txd8 3.Fd5+ Txd5 4.Th8+ Td8 5.Txd8#1–0

La réfutation a lieu au 1er coup.
1...h1D! 2.Txh1 Ch2!=

Variante qui gagne pour les Blancs
1.Txd8+! Txd8 2.Ra6! Td6+ 3.Tb6 Txb6+ 4.Rxb6+– 1–0

N° 50

1.Tc8+ Txc8 2.b7+ Rb8 3.Fd6+ Tc7 4.Cd7# 1–0

N° 51

1.Fd6+ Txd6 2.Tb7+ Fxb7 3.Cc2+ Cxc2 4.Tb5# 1–0

N° 52

1.Ta6 Tg8?!
*[1...g2 2.Txa8 g1D 3.g8D+−;
La défense la plus résistante est 1...Txa6 2.g8D
Td6+ 3.Re4 Td2 4.Dh7+ Re8 5.Dxh4 g2 6.Dg5+−]*
2.Ta7+ Re8 3.Re6+− 1−0

N° 53

**1.Te1+ Tb1 2.Tc1 Txc1+ 3.Rxc1 h5 4.gxh5 g4
5.h6 g3 6.h7 g2 7.h8D# 1−0**

N° 54

1.Dxc7+ Ra7 2.Dxb7+ Rxb7 3.Cb6+ Rb8
[3...Ra7 4.Tc7+ Rb8 5.Tb7#]
4.Cd7+ Ra7 5.Tc7# 1−0

N° 55

1.Cf5+ b6
[1...Ra8 2.c8D+ Txc8 3.Txc8#]
2.axb6+ Ra8
[2...Rb7 3.Cd6+ Ra8 4.b7#]
3.c8D+ Txc8 4.Txc8+ Rb7 5.Cd6# 1−0

N° 56

**1.Ce7+ Fxe7 2.Tc5+ Fxc5 3.Fe4+ Cxe4
4.d5# 1−0**

N° 57

1.Txh7+ Ra6 2.Dc8+ Cb7 3.Dxb7+ Ra5
4.b4+ Rxb4 5.a3+ Ra5 6.Dxa7+ Txa7
7.Txa7# 1−0

N° 58

1.Tg5+ Rxg5 2.Cf7+ Rh5 3.g4# 1−0

N° 59

Problème qui met en jeu la règle du pat gagnant. La variante originelle de Stamma ne constitue pas la défense noire la plus opiniâtre.
L. Bledow dans Stamma's hundert Endspiele[26]*, paru en 1856, propose à juste titre une défense plus résistante.*

Variante originelle
1.Cd7+ Cxd7 2.Rh8 Cf6?!
> *[2...Fxg6? et pat, ce qui, à l'époque où le problème a été composé (1737), signifiait un gain pour le camp en position de pat, en l'occurrence les Blancs.]*

3.g7+ Rf7 4.gxf6+− 1−0

La défense noire la plus opiniâtre, proposée par L. Bledow, a lieu au 2e coup.
2...Re7! 3.g7 Ce5 4.g8D Cf7+ 5.Rg7 Cxg5 6.Df8+ Rd7± Et le gain blanc demande encore beaucoup de travail.

---

[26] L. Bledow, O. von Oppen, *Stamma's hundert Endspiele*, Verlag von Veit & Comp., Berlin, 1856.

N° 60

1.Dxd8+ Txd8 2.Fc4+ Rh8 3.Cg6+ hxg6
4.hxg6+ Ch6 5.Txh6+ gxh6 6.Ff6# 1–0

N° 61

Problème qui met en jeu la règle du pat gagnant dans la solution initiale proposée par Stamma, mais la position est aussi gagnée par les Blancs sans cette règle.

Variante originelle
1.f7 Tf8
  [1...T8xg6+ 2.hxg6 Th2+ 3.Rg5+–]
2.Tg3 2...Txg3 3.g7+ Txg7 et pat, ce qui, à l'époque où le problème a été composé (1737), signifiait un gain pour le camp en position de pat, en l'occurrence les Blancs.

La variante qui gagne sans l'aide de la règle du pat gagnant commence à partir du 2e coup.
2.Te3 Tg5 3.Rxg5 Txf7 4.Te8+ Tf8 5.Txf8+ Rg7 6.Te8 a3 7.h6# 1–0

N° 62

1.Cbc6+ Rb7 2.Txc7+ Rxc7 3.Td7+ Rc8
4.Ce7+ Rb8 5.C5c6+ Ra8 6.Ta7# 1–0

N° 63

1.Cc7+ Ra7 2.Fb6+ Rxb6 3.c5+ Rxc7 4.Ce6+ Rc8 5.Td8# 1–0

N° 64

1.Ta7+ Rg6 2.Tg7+ Rh5 3.Th4+ Rxh4 4.g3+ Rxh3 5.Cf4# 1–0

N° 65

1.Cb3+ Ra2 2.Cc5 Ra1 3.Rc2 Ra2 4.Cd3 Ra1 5.Cc1 a2 6.Cb3# 1–0

N° 66

1.Fe8+ Rxe8 2.Re6 Ff6
[2...Rf8 3.d7 Rg8 4.d8D+ Rh7 5.Dd2+−]
3.d7+ Rf8 4.Rxf6 Ce4+ 5.Rg6+− 1–0

N° 67

Problème qui met en jeu la règle du pat gagnant.

1.Td8+ Rc3
[1...Re3 2.Th3 Dxh3 3.Td3+ et pat, ce qui, à l'époque où le problème a été composé (1737), signifiait un gain pour le camp en position de pat, en l'occurrence les Blancs.]
2.Th3 Dxh3 3.Td3+ Rb2
[3...Dxd3 et pat, ce qui, à l'époque où le problème a été composé (1737), signifiait un gain pour le camp en position de pat, en l'occurrence les Blancs.]

4.Txh3 c3 5.Th1 Rb3 6.Re2 Rc2 7.Tg1 Rb2 8.Rd3 Rb3 9.Tb1+ Ra2 10.Rc2+− 1−0

N° 68

1.Fe5 Th1 2.c7 Tf1 3.Rh7 Th1+ 4.Rg6 Tg1+ 5.Rf7 Tf1+ 6.Rg8

[Semble encore plus rapide : 6.Ff6 Tg1 7.Fd8 Tf1+ 8.Rg6 Tg1+ 9.Fg5+−]

6...Th1 7.Ff4 Th4 8.Fg5 Tg4 9.Fd8 Tg1 10.Rh7 Th1+ 11.Rg6 Tg1+ 12.Fg5+− 1−0

N° 69

1.Th1+ Th2 2.Th7+ Txh7 3.g7# 1−0

N° 70

1.Ff8+ Rh7 2.Th1+ Txh1 3.Fg7 Ce5+ 4.Fxe5 Tf1 5.g5+− 1−0

N° 71

1.g6+ Rh8 2.g7+ Rh7 3.Cf8+ Txf8+ 4.gxf8C+ Rh8 5.Fc3+ Txc3 6.Txh6# 1−0

N° 72

1.Dxa7+ Rxa7 2.Ta1+ Rb8 3.Ta8+ Rc7 4.Ccb5+ Rd7 5.Ta7+ Re8 6.Fg6+ Rf8 7.Th8+ Fxh8 8.Ce6+ Rg8 9.Fh7# 1−0

N° 73

Tant Stamma que Bledow considèrent la finale de Tours atteinte à l'issue de la variante comme gagnée pour les Blancs.
En fait, la position atteinte est nulle au moyen de la manœuvre de Karstedt.

1.Tg3+ Rh7
[1...Rf8 2.Fxh6+ Txh6 3.Ta3 Rg7 4.Ta7+ Rg8 5.Tf7= Cette finale Tour + pion contre Tour est nulle selon les tables de finales, contrairement à l'évaluation de Stamma. Cf. manoeuvre de Karstedt.]
2.Fxh6 Txh6 3.Rf7 Rh8 4.Tg8+ Rh7 5.Tg6=
Cette finale Tour + pion contre Tour est nulle selon les tables de finales, contrairement à l'évaluation de Stamma et Bledow. Pour annuler cette position, il faut connaître la manœuvre de Karstedt.

Démonstration de la manœuvre de Karstedt pour annuler
On remarque que le Roi noir est du bon côté du pion, à savoir le petit côté. Cela permet d'organiser une défense au moyen d'échecs latéraux de la Tour noire depuis le grand côté.
5.Tg6 Th1 6.Rxf6
[6.Txf6 Tf1 7.Re6 Ta1 8.Tg6 Ta6+=]
6...Ta1 7.Tg4 Ta6+ 8.Rf7= ½–½

N° 74

1.Fd4 Rxd4 2.b8D g1D 3.Db6++– 1–0

N° 75

1.Tc1 Txc1
[1...b2 2.a7 Ra5 3.a8D+ Rb6 4.Db8+ Rc6 5.Txc2+– 1–0]
2.a7 Ra3 3.Rc3 Ra4 4.a8D++– 1–0

N° 76

1.Tb8+ Txb8 2.Fd5+ Cxd5
[2...Thb7 3.Fxb7+ Txb7 4.axb7+ Rxb7 5.Tb1+ Rc8 6.Tb8+ Rd7 7.Tb7+ Rd8 8.Db8#]
3.Dxd5+ Thb7
[3...Tbb7 4.axb7+ Rb8 5.Dd8+ Rxb7 6.Tb1+ Ra6 7.Dd6+ Ra5 8.Da3#]
4.axb7+ Txb7 5.Txa7+ Rxa7 6.Da5+ Rb8 7.Dd8+ Ra7 8.Cc6+ Ra6 9.Da5# 1–0

N° 77

1.Cc6+ Re8
[1...Rd7 2.Cb6+ Re8 3.Da8+ Cxa8 4.Txa8#]
2.Da8+ Cxa8 3.Txa8+ Rd7 4.Ta7+ Re8 5.Cxd6+ Rf8 6.Txf7# 1–0

N° 78

1.Fe3 Dxh2
*[1...Tc1+ 2.Fxc1 Dxh2 3.Db5+ Rxc7 4.Db7+ Rd8 5.Dc8# ;
Relativement la meilleure variante est : 1...Cc5 2.Txh7 Txh7 3.Rg1 Fd8 4.Fd3 Cxd3 5.Ca6+ Rc8 6.Df5+ Td7 7.Cb8 Rxb8 8.Dxd7+–]*
2.Fxa7+ Rxa7 3.Fc8+ Rb8 4.Da8+ Rxc7 5.Db7+ Rd8 6.Dd7# 1–0

N° 79

1.Ccb5+
[Variante qui mate un coup plus vite que la variante originelle : 1.Cc8+ Rb8 2.a7+ Rc7 3.b8D+ Rd8 4.Dd6+ Fd7 5.Df6+ Rc7 6.Db6+ Rxc8 7.a8D#]
1...Fxb5
[1...Rxa6 2.Cc7+ Ra7 3.Cc8+ Rb8 4.Ca6#]
2.Cc8+ Rb8 *[2...Rxa6 3.b8C#]*
3.a7+ Rc7 4.b8D+ Rd8
[4...Rd7 5.Dd6+ Rxc8 6.a8D#]
5.Dd6+ Fd7 6.Df6+ Rc7 7.Db6+ Rxc8 8.a8D# 1−0

N° 80

1.a5 h3 2.Rf3 Rc6 3.Rg3 Rb7 4.c5 Ra6 5.c6 Ra7 6.Rxh3 Rb8 7.a6+− 1−0

N° 81

1.a7 Rb7
[1...Tf5+ 2.Ra6 Tf8 3.b7#]
2.Tc7+ Ra8 3.Ra6 Tb8 4.Tc8 Txc8 5.b7# 1−0

N° 82

1.Td8+ Rb7 2.Tb8+ Rxb8 3.Cc6+ Rb7 4.Cxe5+− 1−0

N° 83

Variante originelle de Stamma, qui comporte un joli sacrifice de Dame
1.De7+ Rxe7 2.Cg6+ Rd8 3.Cf7+ Rc8 4.Ce7# 1−0

Variante plus prosaïque, mais qui fait mat un coup plus vite
1.Cxd7+ Rd8
[1...Dxe2 2.Cxf6#;
1...Ce4 2.Cxf6#]
2.Cxb6+ Cd5 3.Dxd5# 1−0

N° 84

1.Ch6+ Rh8 2.Cf7+ Rg8 3.Dxg7+ Rxg7 4.Th7+ Rg8 5.Ch6# 1−0

N° 85

1.Fa1 Rxa1
[1...b5 2.c6 b4 3.c7 b3 4.c8D b2 5.Df5+ Rxa1 6.De5 Rb1 7.De1#]
2.Rc2 b5 3.c6 b4 4.c7 b3+ 5.Rxb3 Rb1 6.c8D a1C+ 7.Rc3 Ra2 8.Da6+ Rb1 9.Da3 Cc2 10.Db2# 1−0

N° 86

1.g8D+ Rxg8 2.Rg6 b2 3.Ta8+ Ff8 4.f7+ Rh8 5.Txf8# 1−0

N° 87

1.Th4 Fd1 2.Td4 Fb3 3.d7 Fc2 4.Rd6 Ff5 5.Tf4 Fxd7 6.Tf8+ Fe8 7.Th8+− 1−0

N° 88

1.Tg1 Txg1 2.g7 Tf1 3.g8D++− 1−0

N° 89

1.Fb3 Dxb3
[1...Cd5 2.Fxd5 Dxd5 3.Ce7++−]
2.Te8+ Rf7 3.Cd6+ Rg6 4.h5+ Rg5 5.f4+ Rh6 6.Cf5# 1−0

N° 90

1.c7+ Rc8 2.Cb6+ Rb7 3.Rxe6 b1D
[3...Rxc7 4.Cd5++−]
4.c8D+ Rxb6 5.Db8++− 1−0

N° 91

1.Th8+ Rxh8 2.Dh6+ Th7 3.Txf8+
[Possible aussi 3.Cxg6+ Rg8 4.Txf8+ Fxf8 5.Dxf8#]
3...Fxf8 4.Dxf8+ Dg8 5.Cxg6# 1−0

N° 92

1.h6+ Txh6
[1...Rf8 2.Td8+ Re7 3.Txh8 Dxe5 4.Cg8+ Rd7 5.Dxc4+−]

2.Txh6 bxc3
[2...Dxe5 3.Th7+ Rxf6 4.Tf1+ Rg5 5.Dxc4+−]
3.Th7+ Rf8 4.Td8+ Re7 5.Te8# 1−0

N° 93

Nous avons trouvé une réfutation dans la variante originelle donnée par Stamma et Bledow. Il existe néanmoins une autre variante de gain pour Blancs.

Variante originelle
1.Da8+ Rh7 2.Ff7? Ce7 3.De4+ Cg6? (cf. la réfutation) 4.Txf6 gxf6 5.Dxc2+− 1−0

La réfutation a lieu au 3e coup.
3...g6! 4.Fxg6+ Cxg6 5.Ta7+ Rh8 6.Dxc2 Cf4+ 7.Rh2 Dg6=+

Variante qui gagne pour les Blancs
1.Da8+ Rh7 2.Dg8+! Rg6 3.g3 c1D 4.De8+ Rg5 5.f4+ Dxf4 6.gxf4+ Rxf4 7.Ta5 h4 8.Fd3 Te6 9.Txf5+ Re3 10.Tf3+ Rd2 11.Da4+− 1−0

N° 94

1.Db7+ Rd8 2.Ta8+ Tc8
[2...Dc8 3.Dxc6+−]
3.Dc7+ Re8 4.Txc8++− 1−0

N° 95

1.Dg8+ Rxg8 2.f7+ Rf8 3.Fa3+ Txa3 4.Ce6+ Re7 5.f8D+ Rd7 6.Dd8# 1–0

N° 96

1.Tf8+ Fxf8 2.Cg6+ hxg6 3.hxg6+ Rg8 4.Fd5+ Ce6 5.Fxe6# 1–0

N° 97

1.Ta7 Dxa7+ 2.c5+ Rg6 3.f5+ Rxh7 4.Th2# 1–0

N° 98

1.Te8+ Ce6 2.Cg4+ Rf5 3.Txd5+ Txd5 4.e4+ Rg5 5.h4+ Rh5 6.Th8# 1–0

N° 99

1.Dh8+ Txh8 2.Cf6+ Rg7 3.Cxd7+ Rg8
[3...Rh7 4.Tf7+ Rg8 5.Tg7#]
4.Tf8+ Rh7 5.Txh8# 1–0

N° 100

La variante originelle de Stamma donne le gain aux Blancs, mais nous avons trouvé une réfutation qui permet aux Noirs d'annuler.

Variante originelle
1.Fd4 Cb2 2.Rc2 Cbd1 3.Fg7 Ce3+ 4.Rc1
Ced1 5.Fe5 Cb2 6.Rc2 Cbd1 7.Fxf4 Cb2?
(Cf. la réfutation) 8.Fe5 Cbd1 9.f4 Ce3+
10.Rc1 Ced1 11.f5 Cb2 12.Rc2 Cbd1 13.f6
Ce3+ 14.Rc1 Ced1 15.f7 Cb2 16.Rc2 Cbd1
17.f8D+− 1−0

La réfutation qui permet aux Noirs
d'annuler a lieu au 7e coup.
7...Ce2! 8.Fe5+ Cdc3 9.f4 Cd4+! 10.Fxd4=
½−½
  [10.Rc1? Cce2+−+]